BREVE ANATOMIE DV LIBELLE ANONYME INTITVLÉ,

Responce au Liure de Monsieur l'Euesque de la Vaur, &c.

Par Messire CHARLES FRANÇOIS D'ABRA DE RACONIS, Docteur en Theologie, Conseiller du Roy en ses Conseils, Predicateur ordinaire de la Reyne, Euesque de la Vaur.

A PARIS,

Chez {
MATHVRIN HENAVLT rue Sainct Iacques, à l'Angê
ET
IEAN HENAVLT au Palais, à la Salle Dauphine, Gardien.
}

M. DC. XLV.

Le Lecteur est prié auant que de se mettre à la lecture de cét Ouurage de corriger auec la plume ces fautes arriuées en l'impression.

Pag. 8. lig. 9. effacez *donc*, pag. 10. lig. dern. effac. *la*, en la mesme ligne comme vne, lisez, *la commune*, p. 11. lis. *nous rapporterons au Chapitre suiuant*, p. 12. lig. 14. intrigues, lis. *iniures*, p. 17. lig. 1. &c. lis. *de*, p. 21. lig. 16. effac. *ils*, p. 19. mesmes, lis. *menües*, p. 32. lig. 11. lis *imitent*, en la mesme p. lig. 16. paroir blanche, lis. *paroy blanchie*, p. 35. lig. 26. lis. 254. p. 60. lig. 6. iettées, lis. *reiettées*, mesme p. lig 14. parce, lis. *en ce*, p. 62. en la marge lig. 3. educas, lis. *dicas*, p. 63. lig. 8. contre, lis. *comme*, lig suiuante qu'ils, lis. *l'ont*, p. 91. lig. 6. raui sinon, lis. *sinon raui*, p. 93. lig. 14. & mis lis. *on met*, p. 101. lig. 26. cellecy. lis. *celluicy*, p. 117. lig. 3. & 4. dependoit, lis. *dispensoit*, & en la lig. 1. sur, lis. *sans*, p. 128. lig. 10. appliquant, lis. *Expliquant*, p. 130. lig. 11. &, lis. *ce*, p. 131. lig. penultiesme &, lis. *de*, les, lis *ses*, pag. 134. en la marge, ligne 16. nous, lisez *nobis.*

A
MONSEIGNEVR
MONSEIGNEVR
LE PRINCE.

ONSEIGNEVR,

Comme i'eſtois retiré
dans ma ſolitude, trauaillant auec plus de
courage que de ſanté à combattre ce Phantoſme, qui en tirant le Chef de l'Egliſe de
ſon Vnité, le rend monſtrueux & diffor-
me, vn de mes amis me fit tenir ce nouueau Libelle de la Societé inuiſible, qui

ã ij

cache le nom de ses Autheurs, pour encou-
urir la honte.

Il ne m'a pas fallu beaucoup de temps pour
en remarquer les defauts, & les faire connoistre. En quinze matinées i'en ay faict l'E-
xamen, & cette breue Anatomie qu'auec
toute sorte d'humilité & de respect ie viens
offrir à V. A. pour demander sa prote-
ction, & pour l'Autheur & pour l'Ouurage.

La connoissance que i'ay de sa pieté &
de son zele, qui réioüit tous les bons Catholiques, & qui remplit d'estonnement &
d'effroy tous les ennemis de la verité, me
fait esperer que cette petite offrande ne luy
sera point desagreable; n'estant en effect
autre chose, qu'vne continuation de la dé-
fence d'vne cause qu'elle a si puissamment
appuyée de son authorité, & si courageuse-
ment combattuë par ses doctes escrits.

Et puis que vous auez daigné
(MONSEIGNEVR) vous mettre
à nostre teste, comme nostre General, nous

encourageant par vos Exhortations , &
animant par voſtre exemple , à ce combat
qui tend à abbattre l'erreur, & rendre la
verité triomphante, ie ne puis pas douter,
que V. A. ne couure de ſon authorité, ceux
qu'elle voit bien auant engagez, dans la
meſlée, non ſeulement pour les deffendre
de leurs aduerſaires , mais pour les en faire ſortir auec honneur.

Toute la gloire ne peut manquer d'eſtre
particulierement attribuée à V. A. puis
qu'elle aura eſté dans les mains de tous ſes
combattans ; Enquoy outre cette gloire , elle
aura la principale part au merite de la deffai-
te de l'erreur, & de l'affermiſſement de la verité ; qui luy attirera les benedictions du Ciel
remunerateur de ſon zele ; les acclamations
de la terre , rauie de ſa pieté ; & les homma-
ges & vœux particuliers de celuy, qui ne
pouuant pas reconnoiſtre vne ſi grande
bonté, que celle que V. A. luy aura teſmoignée , pour n'en paroiſtre ingrat ,
publiera par tout, la grandeur de ſes obli-

gations, & le regret de son impuissance, & se dira iusqu'au dernier souspir de sa vie,

MONSEIGNEVR,

De V. A.

Le tres-humble, tres-obeissant, & tres-oblige seruiteur
DE RACONIS, E. DE LA VAVR.

BREVE

ANATOMIE

DV

LIBELLE ANONYME

INTITVLE',

Response au Liure de Monsieur l'Euesque de Lauaur, &c.

CET Ouurage aussi plein d'obscurités, que ces Autheurs qui se cachent, se peut diuiser en deux Parties, l'Auant-propos, & le corps de l'Ouurage.

Anatomie de l'Auant-propos.

SECTION I.

EN ce long Auant-propos qui contient 138. pages, nos Inuisibles ne traittent que ces trois choses qui meritent d'estre considerées.

A

La 1. eft la vieille chanfon qu'ils rebattent &
repetent fans ceffe dans tous leurs efcrits, iuf-
ques à l'ennuy de leurs Auditeurs, que ie n'ay
pû accufer le Liure de la Frequente Commù-
nion des defauts dont ie l'ay conuaincu, *fans
rendre coulpables les feize Euefques Approbateurs
de beaucoup d'ignorance, ou de beaucoup de malice,
d'auoir approuué vn Liure fi pernicieux, & d'a-
uoir donné tant d'Eloges à vne doctrine fi funefte
à toute l'Eglife.*

I'ay pleinement refuté cette foibleffe au premier Examen de mon fecond Ouurage, que
le Lecteur prendra la peine de voir, & iugera,
fi i'ay tort, d'auoir abandonné les fentimens de
feize Euefques, & de vingt Docteurs Approbateurs du Liure de la Frequente Communion,
pour fuiure ceux de cent Euefques de France,
de plus de deux cents Docteurs de la Faculté de
Paris, de plus de dix mille Religieux de tous
les ordres ; ceux d'vn Concile general, & de
toute l'Eglife vniuerfelle. Ie ne m'y eftendray
point dauantage.

La 2. chofe qu'ils s'efforcent de faire en cét
Auant-propos, eft de monftrer, que les Approbateurs du Liure de la Frequente Communion ne font pas tellement parties en cette
caufe, qu'ils n'en demeurent toufiours les Iuges, & pour le prouuer, par vne vaine often-
tation de leurs Lectures, ils produifent quantité d'Exemples, que la feule Lecture de l'E-

pitome de Baronius leur a pû fournir, par lefquels ils pretendent qu'on peut demeurer iuge
d'vne doctrine qu'on a approuuée.

Ces Exemples font, celuy d'*Alexandre Euefque d'Alexandrie, qui auoit defia condamné Arrius par vne Lettre circulaire qu'il auoit efcritte à
toute l'Eglife, & qui pourtant ne laiffa pas d'en
eftre le Iuge au Concile de Nicée.*

Celuy de S. Cyrille d'Alexandrie, qui *fuft
Iuge de Neftorius au Concile d'Ephefe, où il Pre-
fida au nom du Pape Celeftin, quoy qu'il euft def-
ja composé plufieurs Ouurages contre cét Herefiar-
que, & mefme les douze Anathemes qui ont fait
tant de bruit dans l'Orient.*

Celuy de Flauian *Patriarche de Conftantinople, qui ne laiffa pas de fe trouuer au Concile d'E-
phefe, pour y Iuger de nouueau l'Herefie d'Euti-
ches; aprés l'auoir condamné au Concile qu'il auoit
tenu dans Conftantinople.*

Celuy d'Eufebe *Euefque de Dorilée, qui ne
laiffa pas de figner la condemnation du mefme Eu-
tiches au Concile de Chalcedoine, encore qu'il euft
efté fon accufateur, & celuy qui aida plus à defcouurir fes rufes, & penetrer fes artifices.*

Ceux de S. Athanafe & de S. Auguftin, *dont
le premier fuft Iuge des Arriens en plufieurs Conciles, où il fe trouua; & l'autre des Pelagiens, encore qu'ils les cuffent combattus fouuent de bouche,
& par efcrit.*

Celuy enfin des *Cardinaux Ofius & Polus qui*

ont presidé au Concile de Trente, contre les Here-
sies des Protestans, encore que l'vn & l'autre euf-
sent escrit des Liures contr'eux.

Ne voila pas bien debuter, & iudicieusement
raisonner, Les Euesques & Prelats, qui ont
escrit & reprouué des erreurs, n'ont pas laissé
d'en estre les Iuges; donc ceux qui les ont ap-
prouuées & soustenuës le pourront estre.

Ie vous remercie, Monsieur l'Aduocat, vous
plaidez excellemment ma cause contre vos Il-
lustres Approbateurs, puis que vous faites voir
par vos Exemples, que ie puis demeurer le Iuge
de toutes les erreurs du Liure de la Frequente
Communion, que i'ay si pleinement descou-
uertes & combattuës, mais non pas les Euesques
Approbateurs, qui sont maintenant interes-
sés en cette cause, qui est-ce que i'ay dit, & que
vous n'auez sçeu destruire.

Vous m'auez accusé en quelque endroict
de vostre libelle *d'auoir de la Logique & du iu-*
gement sans Lecture: Et ce seul traict de vostre
Auant-propos que ie viens de rapporter, iusti-
fie, que si vous auez de la Lecture, c'est sans Logique & sans iugement : & que si vous conti-
nués à discourir de la sorte, vous vous mettez
en hazard de faire grauer sur vostre tombe
aprés vostre mort cét Epitaphe si celebre, &
si cognu de tout le monde *Icy gist Monsieur*
.... de la societé des Inuisibles de tres-heu-
reuse memoire , mais qui attend le Iugement.

La 3. chofe où nos Inuifibles s'occupent principalement en cét Auant-propos, eft de monftrer que le feu Abbé de fainct Cyran n'a pû
eftre l'Autheur du Liure de la Frequente Communion , & qu'il appartient au feul fieur Arnauld : & à cette fin ils fe depeffent, pour faire
voir, que les preuues que i'en ay données, ne
font, ny demonftrations Mathematiques, &
fenfibles, ny Analytiques & à *Priori*, qui concluent neceffairement : ce que ie n'ay pas auffi
pretendu faire , mais bien produire des con-
iectures fi vray-femblables, que iointes au tef-
moignage public , quelque effort que faffent
nos Docteurs Inuifibles de les obfcurcir , elles
feront toufiours capables de perfuader la verité, à ceux qui ne feront pas paffionnés; & de
faire perdre au fieur Arnauld cette foible &
honteufe vanité, dont il remplit fon efprit, de
vouloir eftre creu l'Autheur d'vn Liure fi mauuais, & fi décrié maintenant; comme celuy de la
Frequente Communion.

C'eft par ce mefme mouuement d'humilité
qu'il fouffre fans s'efmouuoir, que i'aye dit, *qu'il
y a enuiron cinq ans qu'il n'eftoit que Bachelier en
Theologie dont on parloit fort peu*, & qu'il employe fa plume, & celle de fes affociés deux
grandes pages, pour eftaler fes hautes & magnifiques loüanges, dont ie fuis bien aife qu'il
fe repaiffe, puis que ces viandes font à fon gouft.
Ie le pourrois pourtant aduertir Chreftienne-

ment, que la principale partie de l'humilité Chreſtienne, eſt de fuïr la loüange, & de taſcher de la meriter.

Ie paſſe ſous ſilence par vn principe opposé à celuy du ſieur Arnauld, toutes les accuſations d'ignorance dont il me charge en douze ou quinze pages du meſme Auant-propos, & preſque en tout le corps de leur Ouurage, taſchant à faire croire, qu'elle s'eſtend à tous les arts & à toutes les ſciences : C'eſt aſſez les refuter que de les meſpriſer & de laiſſer ces gens ſe conſommer de regret & d'enuie, de ne pouuoir, auec tout leur babil, faire croire vne choſe, que peut-eſtre ceux-là malaiſément ſe perſuaderont, qui ne ſeront pas participans de leur paſſion. Et parce qu'ils s'attachent particulierement à me conuaincre d'ignorance dans la Logique, par vne recrimination qui ſera peut-eſtre trouuée aſſez Paradoxe, & qu'ils font de longues reflexions ſur ce ſujet, dans le corps de leur libelle, pour ne rien confondre, ie me reſerue en ce lieu de faire voir la foibleſſe, & l'iniuſtice de leur accuſation.

Ie laiſſe à quelqu'vn qui aura plus de loiſir d'examiner le reſte qui eſt de meſme eſtoffe, c'eſt à dire auſſi foible & auſſi extrauagant, que ce que ie viens de rapporter.

Par vn ſeul trait de plume en la page 37. de leur Auant-propos, ils penſent s'eſtre ſuffiſamment diſpensés de iuſtifier les accuſations que i'auois formées contre l'Autheur du Liure de la Frequente Communion touchant les dispositions pour la receuoir, en disant *que Monsieur Arnauld y a respondu si solidemeut dans la Preface de son second Liure, & ruiné de telle sorte les raisonnemens du Pere Petau, qu'il est aussi peu necessaire d'y rien adiouster, comme il est inutile de Combattre des Ennemis qui sont desia terrassés,* qui est vne rodemontade plus qu'Espagnolle, à laquelle ie n'ay autre chose à repartir, sinon, que i'ay tellement ruiné toutes les deffences, que le sieur Arnauld a tasché de donner à ses erreurs, dans la Preface du second Liure qu'il s'attribuë, que ie ne croy pas, que toute leur societé ait le pouuoir de les redresser, ny qu'ils puissent repartir en gens de cœur & d'honneur, c'est à dire, sans lascher le pied, sans desguiser, ny sans biaiser, qu'en augmentant leur honte, & donnant de nouueaux tesmoignages de leur foiblesse.

Anatomie du corps de l'Ouurage.

Section II.

TOut le corps de cét Ouurage, se peut reduire à deux chefs, la foiblesse des iustifications, & l'iniustice des accusations, ou recriminations.

CHAPITRE I.

Des foibles Iuſtifications.

ARTICLE I.

Introduction.

DANS la deuxieſme partie de mon premier Ouurage, i'auois formé pluſieurs Chefs d'accuſations contre l'autheur du liure de la Frequente Communion, dont i'eſtime l'auoir ſuffiſamment conueincu dont celles-cy ſont les principalles. 1. des horribles inuectiues & atroces iniures, indignes tout à fait d'vn Chreſtien, qu'il auoit vomies contre vne Compagnie toute entiere de Religieux, qui depuis leur premiere inſtitution ont rendu & rendent encore de tres - grands ſeruices à l'Egliſe & au public ; & en particulier contre le Pere Noüet Preſtre & Predicateur de cette Compagnie : La 2. des déguiſemens qu'il auoit apportez à l'eſcrit qu'il entreprenoit de refuter, par vne foibleſſe aſſez indigne, parce qu'ayant eu des années entieres pour combattre vn eſcrit compoſé peut - eſtre en deux heures, il ne l'auoit pû faire qu'apres l'auoit changé. 3. des noires calomnies dont il auoit chargé l'autheur Anonyme de cét eſcrit,

luy

luy imputant des crimes dont il est infiniment esloigné. 4. de beaucoup d'ignorances, non seulement en Grammaire & en Philosophie; mais mesme en Theologie. 5. de plusieurs contradictions. 6. de beaucoup de corruptions de passages des Peres, quant à la lettre & quant au sens, en la mesme maniere que les Caluinistes ont corrompu les passages de l'Escriture. 7. de quantité de propositions dangereuses qui vont a l'aneantissement du Sacrement de Penitence, & à l'abolition de l'vsage de l'Eucharistie. 8. de plusieurs propositions temeraires. 9. de quantité d'erronées. 10. & d'vn grand nombre de tres-scandaleuses & iniurieuses.

Nos Apologistes apres huict mois d'vn estroict & rigoureux Examen de mon Liure, distribué aux quarante associez; sans se mettre en soin de defendre l'autheur du liure de la Frequente Communion des autres accusations, font enfin vn liuret à qui mesme ils n'osent donner leur nom, par lequel ils entreprennent de iustifier leur bon maistre d'auoir esté vn peu plus sincere en l'alleguation des passages des Peres, & auoir esté vn peu plus Grammarien & dialecticien que ie ne l'auois voulu persuader; aduoüant par leur silence (qui est vne marque de leur impuissance) qu'ils n'empeschent point qu'on le fasse passer pour vn homme foible & de mauuaise foy, qui n'ose aller de front à son aduersaire, & qui se forme des Phantosmes pour le terrasser;

pour vn infigne calomniateur, vn miferable broüillon, qui dit & fe defdit à toute rencontre, pour auoir lieu d'efchapper quand il fera preffé; pour vn tres-mauuais Theologien, de qui les maximes font non feulement fauffes, mais tres-dangereufes; vn efprit temeraire, remply d'erreurs tres-iniurieufes à l'Eglife. Voila à quoy ils donnent les mains, & croyent auoir affez fait pour la iuftification de ce grand & excellent homme, en fouftenant qu'il n'a pas efté corrupteur des paffages des Peres comme ie l'auois accufé. Ce font les iuftifications que ie dois maintenant examiner & qui fe trouueront fans doute auffi foibles que leurs accufations ont efté iniuftes.

---

§. II.

Premiere Iuftification.

Qviconque fe donnera le loifir de remarquer la negligence auec laquelle ces nouueaux Cenfeurs & Apologiftes, ont difpofé leurs memoires, pour en compofer le corps de leur libelle, coufans auffi bien leurs iuftifications que leurs Cenfures, fans aucun ordre ny iugement, & fans auoir efgard à la difpofition des Chapitres, & des pages de mon liure qu'ils auoient entrepris de refuter, iugera ayfémét cela qui eft en effet cóme vne croyance que l'Exa-

men de mon liure a esté partagé entre tous les
nobles Confreres de la Societé des quarante, &
que chacun ayant apporté en commun son trauail particulier & ses memoires, ils ont eu place
dans le corps de l'ouurage, selon qu'ils se font
trouuez sous la main de ceux qui ont esté chargez du soin de les reuoir & de les ranger, comme le sieur Arnauld l'a practiqué dans le liure de
la Tradition de l'Eglise, & aux traductions des
ouurages des Peres qu'il auoit receuës du feu
Abbé de sainct Cyran son maistre.

Nous auons rapporté au Chapitre precedent
quelques-vnes de leurs reprehensions & cen-
sures, commençons maintenant à examiner
leurs defences & iustifications.

La premiere : Qu'ils entreprennent est la
version du passage de sainct Augustin, au Serm.
29. des paroles de l'Apostre, que i'accusois en la
2. partie de mon liure chap. 15. p. 311. d'auoir
mal traduit, ayant tourné ces mots de sainct
Augustin : *Bonæ spei & bonæ fidei Christianus. Vn
Chrestien qui a vne veritable foy, & vne veritable
esperance*, lesquels il deuoit traduire *vn Chrestien
d'vne bonne foy, & d'vne bonne esperance*. Et cela à
dessein de faire dire à sainct Augustin, que qui-
conque commet des pechez mortels ne perd
pas seulement cette foy informée de la charité,
qui est le principe des bonnes œuures; mais la
veritable foy, qui fait estre Chrestien, & qui se
trouue dans les pecheurs qui ont perdu la cha-

rité & la grace, selon les enseignemens de toute
la Theologie, & les principes de la foy Catholique.

A cette accusation nos Apologistes prennent
feu, & se laissant emporter à la vehemence de
leur zele, sans auoir esgard au caractere Epis-
copal dont ie suis honoré & qu'ils feignent de
reuerer si fort dans les autres Euesques; & sans
beaucoup de ceremonies, ny en paroles trop
couuertes, ils me laschét deux ou trois démétis
de suitte pour me donner a courre, si ma profession & la crainte de Dieu n'estouffoiét point les
ressentimens que ma naissance me pourroit
faire auoir de leurs intrigues, & qu'eux fussent
de naissance & de condition de se picquer
d'honneur, *Ces mots*, disent ils de sainct Augustin, *Bonæ fidei & spei Christianus, Ne sont point*
traduits dans le liure de la Frequente Communion
en ces termes, vn Chrestien qui a vne veritable
esperance. Il n'est point vray que ce soit la tradu-
ction premiere, comme parle Monsieur l'Euesque
de la Vaur; Il n'est pas vray que ces termes ont
esté changez en la 2. edition, &c.

Et s'addressant au Lecteur qu'ils veulent rendre iuge de l'innocence de leur Maistre, & de
mon imposture, ils taschent de le corrompre par
flatterie, *Mon cher Lecteur*, & de preuenir son
iugement par la proposition du fait si plausible
& si auantageuse pour eux, que si seuls ils plai-
doient cette cause, ou qu'on ne la iugeast que

ſous cette expoſition generale, & ſans examiner toutes les pieces en particulier : ie dis celles
qu'ils produiſent eux-meſmes, ie ne pourrois
pas euiter d'eſtre condamné à vne reparation
d'honneur, comme vn calomniateur inſigne.
Prenez vous meſmes, mon cher Lecteur, diſent-
ils, les Exemplaires de la premiere & ſeconde
Edition de ce liure, & vous trouuerez en les con-
ferant enſemble que ce paſſage de ſainct Auguſtin
eſt traduit en meſmes termes ſans aucune diuerſité
ny correction. Puis apres auoir couché tout du
long cette traduction, leur bile ſe rechauffant ils
adiouſtent, *où ſont ces termes que Monſieur l'E-*
ueſque de la Vaur à remarquez & condamnez
de falſification, vn Chreſtien qui a vne veritable
foy & vne veritable eſperance, &c. Et là deſſus
prennent le fondement de leur recrimination
impertinente & ridicule qu'ils repetent pluſieurs fois en chaque page de leur liure, que *ie*
n'ay manié le liure de la Frequente Communion,
que par les mains de ceux, qui s'en ſont declarez
les plus grands ennemis, que ie ne l'ay leu que par
leurs yeux, conſideré que par leur eſprit, examiné
que ſur leurs remarques, & que ie n'en ay donné
mon iugement au public, que ſur de tres-mauuais
memoires qu'ils m'en ont dreſſé.

a Cent per-
ſonnes qui
ont veu le
liure de la
Frequente
Communion
entre mes
mains, rayé
les lignes, ſe

& noté de ma main, non ſeulemét en toutes les pages, mais quaſi en toutes
riront d'vne ſuppoſition ſi mal fondée, & ceux qui auront pris la peine de lire mon ſecond Ouurage, qui eſt vne ſuitte des Examents de ce liure, y remarquant vne chaſne
quaſi continuelle des textes que i'en ay tirez, & des raiſonnemens ſans nombre que
i'ay fondé deſſus pour faire voir les manifeſtes retractations du ſieur Arnauld, & de
ceux qui ont auec luy entrepris de le defendre, me iuſtifieront bien ie m'aſſeure d'v-
ne ſi foible accuſation de n'auoir leu ce liure que par les yeux des autres, de ne l'auoir cõ-
ſideré que par leur eſprit, examiné que ſur leurs remarques, & donné mon iugement au
public que ſur de tres-mauuais memoires, qui m'en ont eſté dreſſez.

Voila où la fougue de ces ieunes Apologistes les a poussez, & iusqu'où s'est porté le transport de leur colere : mais il y a apparence qu'elle se moderera à la fin, & que leur feu ne sera pas tousiours si petillant.

Voicy comme il commence de s'amortir & comme leur conscience qui les presse les oblige en fin de donner les mains à la verité, & d'auoüer la mauuaise foy dont i'auois accusé leur Maistre en la traduction des paroles de sainct Augustin cy-dessus rapportées.

Ils auoüent que le sieur Arnauld (qu'ils font l'autheur du liure de la Frequente Communion) apres la premiere traduction de ce passage, sur laquelle ils fondent leur deffence, s'en est seruy vne 2. fois, pour en tirer, disent ils, *deux grandes instructions necessaires à son subiect, & les appuyer de l'authorité de sainct Augustin* ; & qu'en l'employ qu'il fait du mesme passage de ce sainct Pere dans le corps de son ouurage, il le traduit de la sorte que ie l'ay reproché à l'autheur de la Frequente Communion, escriuant *que ceux qui commettent des pechez mortels, quand ce ne seroit que rarement, ne font pas selon ce Sainct, du nombre des veritables Chrestiens qui possedent la veritable foy , & la veritable esperance du Christianisme :* lesquelles paroles (adioustent nos iudicieux Apologistes) *le sieur Arnauld ayant reconnû qu'elles seroient exposées aux desguisemens*

& artifices de ses ennemis, qui ne s'emploient qu'à destourner de leur veritable sens les propositions les plus innocentes, & à les falsifier, pour les faire tomber en des erreurs & en des heresies fort esloignées de ses sentimens, il s'est seruy en son 2. liure d'vne autre expression, pour oster tout subiect à leurs calomnies & à leur mesdisance. En cette maniere, ceux qui commettent des pechez mortels, quand ce ne seroit que rarement, ne sont point selon ce Sainct, du nombre des bons Chrestiens qui viuent sous la conduite de la foy, & dans la veritable esperance du Christianisme.

Voila certainement les endroits du liure de la Frequente Communion, non pas qu'on m'a marqué dans les memoires qu'on m'en a donné; mais que i'ay remarqué de mes yeux par ma propre lecture; & où i'ay eu raison de fonder ma reprehension de la mauuaise foy du feu Abbé de sainct Cyran, d'auoir en rapportant, & se voulant seruir du passage de sainct Augustin dont est question, mal tourné ces mots, *Bonæ fidei & bonæ spei Christianus*, par celle-cy *les Chrestiens qui possedent la veritable foy, & la veritable esperance*; pour dire contre la croyance de l'Eglise, qu'on ne peut perdre la grace & la charité, comme on la perd par les pechez mortels, qu'on ne perde la veritable foy du Christianisme; c'est à dire celle qui nous rend veritablement fidelles & Chrestiens ; quoy que nous soyons pecheurs & iniustes: & d'auoir en suitte

loüé le sieur Arnauld de la correction qu'il a fai-
cte de cette faute, en la seconde edition du mesme liure, pour ne paroistre consentir à des propositions qui tendent si visiblement à l'erreur
& à l'heresie, comme seroit celle de sainct Augustin, selon la premiere traduction du feu Abbé
de sainct Cyran: & c'est de cela precisement que
ces Disciples l'ont deu iustifier, & non pas en
disant qu'autre part le mesme Abbé a traduit le
mesme passage d'autre sorte; ce que ie n'ay iamais contredit, & ne le pourrois faire sans ruiner
les remarques que i'ay faites en tous mes deux
ouurages, que c'estoit le Genie particulier de cét
Autheur (qui a esté en effet celuy de tous les
heretiques qu'il a imitez en ce procedé) soit par
legereté d'esprit & faute de memoire, dequoy
i'aurois peine de l'accuser, soit par vne affectation malicieuse, d'enuelopper ses discours de
continuelles contradictions afin de se pouuoir
eschapper, quand il seroit accusé d'auoir auancé
quelque mauuaise proposition; en disant qu'il
en a enseigné autre part de toutes contraires;
qui est dire en vn mot qu'il a esté infidelle en vn
lieu, & fidelle en vn autre, errant en vn, &
Orthodoxe en l'autre, qui est la iustification là
plus ordinaire dont se seruent ses disciples, pour
le purger des fautes & des erreurs dont son liure
a esté atteint & conuaincu, par ceux qui se sont
donnez la peine de l'examiner, & qui est celle
aussi dont tous les heretiques se pourroient seruir, pour

uir, pour defendre les escrits des Autheurs &
leurs heresies; mais qui n'empesche pas qu'ils ne
soient tenus pour ce qu'ils sont, quoy qu'en
quelques endroits ils ayent escrit en Catholiques; comme Sathan ne laisse pas d'estre ange
de Tenebres, encore bien selon sainct Paul,
qu'il se transforme quelquefois en Ange de Lu-
miere.

ARTICLE II.

Seconde Iustification.

EN la deuxiesme partie de mon premier
liure chap. 10. i'auois accusé l'autheur du
liure de la Frequente Communion, d'estre d'vne
tres-mauuaise foy, & d'auoir tres-malicieuse-
mét imposé à l'autheur Anonyme, que par vne
extreme ignorance, & vne insigne impieté il
portoit les plus grands pecheurs à s'approcher
de la table Sacrée & faire des Communions sacrileges: parce qu'il auoit escrit que *ceux qui se*
trouuent remplis de l'amour d'eux-mesmes, & si
attachez au monde que de merueille, faisoient bien
de se presenter à la Communion, pourueu que ce
fust dans l'esperance de se destacher d'eux-mesmes
& du monde.

Ie faisois voir l'iniustice de son accusation, en
ce qu'il prenoit l'amour de soy-mesme d'vne
façon toute contraire a l'intention de cet Au-

C

theur, voulant perſuader qu'il reçeuoit à la
Communion ces amateurs deux-meſmes, dont
parle ſainct Paul, qui ſont chargez de toute
ſorte de vices *auares, vains, ſuperbes* & le reſte
qui eſt rapporté au long par cét Apoſtre en
la 2. à Timothée; quoy qu'il ſoit tres manifeſte
que l'autheur Anonyme exclud abſolument
de la Communion telles perſonnes, qui ſont ſi
deſreglement amoureuſes d'elles-meſmes; parce qu'il ſuppoſe que ceux qui s'en approchent
doiuent eſtre en eſtat de grace, & purgés de toute ſorte de pechez mortels.

I'adiouſtois que le feu Abbé de ſainct Cyran,
continuant en ſa mauuaiſe foy & au deſſein
qu'il auoit de faire paſſer cét autheur Anonyme pour vn impie, & vn ſacrilege, auoit cotté en
la marge deux paſſages de ſainct Auguſtin, parlant de l'amour de ſoy-meſme, l'vn du 14. liure
de la Cité ce Dieu, chap. dernier, où il dit *qu'il y*
a deux amours qui fondent deux Citez, l'amour
de nous-meſmes iuſqu'au meſpris de Dieu qui fon-
de la Terreſtre, & l'amour de Dieu iuſqu'au meſ-
pris de ſoy-meſme, la Celeſte: L'autre en ſon enarration ſur le Pſalm. 64. où ſainct Auguſtin dit,
que deux amours forment deux Villes, l'amour de
Dieu forme Hieruſalem, & l'amour de ſoy-meſ-
me forme Babylone: Ce qu'apres dans la ſuitte
de l'expoſition du meſme Pſalme, il auoit expliqué plus clairement, faiſant aſſez connoiſtre
que tout amour de nous-meſmes ne fonde pas

la Babylone : mais celuy qui nous detache du Createur pour nous attacher à la creature.

Nos Apologistes au lieu de iustifications iudicieuses, se contentent de faire des declamations odieuses.

Pour le texte de sainct Paul ils disent ne l'auoir allegué que *contre cette charité Terrestre, directement opposée à la Celeste, & qui est la racine de tous les vices, comme la celeste est la source de toutes les Vertus.*

Mais dire cela, c'est fortifier mon accusation, & monstrer que i'ay eu raison d'accuser l'autheur de la Frequente Communion de tresmauuaise foy & d'vne signalée imposture, d'auoir produit contre l'autheur Anonyme ce passage de sainct Paul, qui ne s'entend que de l'amour desreglé de soy-mesme, c'est à dire *de cette Charité Terrestre opposée à la Charité Celeste,* de laquelle sans vne insigne calomnie il ne pouuoit pas dire que l'autheur Anonyme eust parlé dans son escrit, quand il dit *qu'vn homme remply de l'amour de soy-mesme peut s'approcher de la Communion en esperance & en intention de s'en destacher* puis qu'auec cette *charité Terrestre opposée à la Celeste,* il seroit indigne de s'y presenter, & ne le pourroit faire sans sacrilege.

Ils ne iustifient pas mieux la procedure iniuste du feu Abbé de S. Cyran en la production de deux passages de S. Augustin, qu'il cotte à la marge, comme s'ils estoient fort contraires à cette partie de l'escrit Anonyme qu'il combat, touchant l'amour de soy-mesme: car le principal grief en cette accusation estoit, qu'on auoit esté si exa&ct; à marquer en la marge le dernier chap. du 14. de la Cité de Dieu, & neantmoins que dans le corps de l'ouurage, on ne s'estoit point mis en deuoir de traduire en françois le texte de sain&ct; Augustin, parce qu'on y eust trouué ce qu'on n'y cherchoit pas, sçauoir est ces paroles decisiues de toute la question, *Que l'amour de soy-mesme, iusqu'au mespris de Dieu bastissoit la Babylone*; c'est à dire estoit la racine des pechez, qui font de l'ame vne Babylone de desordre, & de confusion, & la rendent indigne de s'approcher de la table sacrée, & d'y receuoir le pain des Anges, selon le principe de l'autheur Anonyme, que celuy de la Frequente Communion pretendoit combattre & conuaincre d'impieté par l'authorité de sain&ct; Augustin ; & c'est dequoy nos Apologistes ne le purgent aucunement, auoüant que leur Maistre a passé soubs silence, tout ce texte qui decouuroit visiblement sa mauuaise foy, & son insigne calomnie contre l'autheur Anonyme, contre lequel il feignoit de le produire, & qu'il n'a traduit que le dernier texte, qui est celuy de son enarration sur le Psal. 64. *Que deux amours font deux Citez : que l'amour de Dieu, fait la Hierusalem, & l'amour de soy-mesme la Babylone :* qui est iustifier pleinement la plainte que i'ay faite de la malice de

cét Autheur, qui supprime vn texte que luy-
mesme a cotté en la marge de son liure, parce
qu'il estoit decisif de toute la question, & ex-
pliquoit visiblement les qualitez de cét amour
de soy-mesme, qui fonde la *Babylone*, qui est
celuy qui nous iette *iusqu'au mespris de Dieu*,
dequoy sans vn excez de calomnie, on ne peut
pas accuser l'autheur Anonyme d'auoir parlé
dans son escrit : & que du 2. il ne rapporte que
les premieres paroles, qui prises à la lettre, & sans
autre explication, feroiét vn tres-mauuais sens,
& códamneroient tout amour de soy-mesme,
comme criminel, & qui fonderoit la Babylone,
c'est à dire, seroit la source des pechez qui rendent l'ame pleine de confusion & de desordre,
sans rechercher l'intelligence de ces paroles
dans le mesme autheur, qui s'explique assez
dans la suitte de son discours au mesme Psalme,
lors qu'il parle de ceux qui s'estants conuertis à
Dieu de l'idolatrie, *& comme retournant de
Babylone en Hierusalem* (ce sont les termes de
sainct Augustin en ce lieu qui ont vn rapport
tout entier auec celles du commencement de
l'explication de ce Psalme qui supposent les
deux mesmes Citez fondées par deux amours
de soy-mesme & de Dieu) ils confessent *que les
paroles des iniques auoient preualu sur eux : qu'ils
s'estoient laissez conduire à ceux qui enseignoient
le mal : qu'ils auoient quitté le Createur, & auoient
adoré la Creature, auoient quitté celuy qui les auoit*

C iij

faits, & auoient adoré ce qu'ils auoient fait eux-mesmes.

A quoy nos Apologistes respondent 3. choses; la premiere, *que ces paroles ne viennent pas immediatement en suitte de celles qui ont esté traduit-tes dans le Liure de la Frequente Communion : mais sont trois grandes colomnes, aprés en vn autre en-droit;* 2. *qu'elles sont sur vn autre sujet* & ainsi ne seruent point d'explication aux paroles prece-dentes, prises de l'explication du titre du Psal. 3. qu'en cét endroit sainct Augustin *ne parle en par-ticulier que du peché d'Idolatrie, & de ceux qui ayant esté conuertis du Paganisme à la Religion Chrestienne, faisoient vne publique Confession de leurs premieres erreurs.*

Pour le premier, c'est vne excuse bien fade, à ceux qui se vantent de n'auoir leu tous les Au-theurs que dans leurs sources & tout du long, de dire que par ce que ces paroles qui donnent vn grand esclaircissement à celles qu'ils auoient alleguées, en sont esloignées de trois colomnes, ils n'en ayent rien deu dire du tout, mais les ayent laissé passer sous silence, ou par malice, ou par ignorance.

Pour la 2. repetition des mesmes paroles, *voulant retourner de Babylone en Hierusalem,* Item *nous nous sommes laissé conduire à ceux qui enseignoient le mal, & qui nous faisoient citoyens de Babylone,* [a] monstre assez qu'elles seruent d'es-claircissement, & d'intelligence aux premieres

qui ont esté rapportées *que deux amours forment* rapport des
deux Citez, l'amour de Dieu forme Hierusalem, Disciples
& l'amour du Siecle forme Babylone.

rapport des
Disciples
auec leur
Maistre , de
l'esprit des
Apologistes

de sainct Cyran, auec l'esprit du mesme S. Cyran, en la hardiesse effrenée de corrompre les passages qu'ils alleguent des Peres, puis qu'en ce lieu où ils taschent de le iustifier de sa mauuaise foy en l'allegation de ce passage de sainct Augustin, eux mesmes le corrompent tout de nouueau en leur Traduction Françoise, par vne effronterie qui n'eust iamais de pareille, retranchant ces mots, qui marquent le rapport de ce texte auec les paroles produittes au commencement de ce Psalme, *ils nous ont fait Citoyens de Babylone,* substituant cette Parenthese à la place. *c'est à dire, qui nous portoient à adorer les Idoles.* Fiez-vous à la conscience de ces nouueaux Reformateurs.

Pour la 3. I'auoüe que S. Augustin en ce lieu introduit particulierement les Payens conuertis à la Religion Chrestienne, & parle specifiquement du crime d'idolatrie, qui n'a iamais esté seul aux Payens, & a presque tousiours esté conioinct auec beaucoup d'autres crimes naissants de l'amour desreglé de soy-mesme: Mais ie sçay auec le mesme sainct Augustin & tous les Theologiens, que tout peché entant qu'il naist de l'amour desordonné de soy-mesme, estant vne Idolatrie spirituelle, puis que c'est (disent-ils tous vne *auersion de Dieu, & vne conuersion à la creature*) Auersio à Deo & conuersio ad creaturam. qu'il ny a rien en ce dernier discours de sainct Augustin, qui ne puisse estre employé, & ne serue extrémement à l'explication de cét amour de soy-mesme & du siecle, qui forme la Babylone, sçauoir en tant qu'il renuerse l'ordre, & nous destournant de nostre derniere fin, qui consiste en la veritable paix signifiée par *Hierusalem,* nous escarte & nous esgare parmy les creatures incapables d'arrester la course de nos desirs, & qui nous remplissent de confusion declarée par la *Babylone*; Bref pour parler auec sainct Augustin, qui nous fait laisser la fin pour les moyens, & prendre les moyens pour la fin; vser de ce dont nous deuons iouïr, & establir nostre iouïssance en ce qui ne nous est donné que pour l'vsage.

Si ie voulois vser de recrimination i'aurois vn large champ & vne fort ample carriere de faire esclatter mes plaintes contre l'insolence de ces Apologistes, qui voulant iustifier leur Maistre de l'accusation que i'auois faite contre luy, d'auoir corrompu, & tronqué les passages des Peres, ont tellement deschiré & défiguré le lieu de mon Liure qu'ils ont rapporté, qu'il n'est pas presque reconnoissable, dequoy ie ne demande que des yeux pour en iuger. Ils font en moy des crimes Capitaux de ce que i'ay alteré les lieux du Liure de la Frequente Communion, que i'ay par exemple dit *na pû* pour *ne peut*, & de ce que i'ay mis *Nice* pour *Nicée* parlant du premier Concile Oecumenique. Et ils ne rougissent pas d'auoir tronçonné les paroles de mon Liure, & de m'imposer ce que ie n'ay iamais dit, & que ie leur défie de faire voir dans ce lieu qu'ils ont cité de mon Liure qui est en la 2. Partie page 108. & 109. Ou pour me rendre aussi peu iudicieux en mes discours, qu'ils le paroissent par tout dans leurs escrits, ils me font auancer ces mots, que sainct Cyran à produit

deux

deux lieux de sainct Augustin pour combattre
l'Autheur Anonyme & puis aprés m'auoir fait
alleguer le premier, tiré du Chapitre dernier du
14. de la Cité de Dieu, retranchant vne grande
demie page & plus de mon Liure, ou ie rapporte le second, ils me font poursuiure sans aucun
&c. ny autre marque qui fasse voir qu'il y ait eu
de l'interruption ou quelque chose de retranché
en mes paroles, *au premier sans auoir parlé du 2.
ils retranchent entierement ces paroles*, &c.

Mais i'aurois tort de me plaindre de l'iniqui-
té de cette procedure, puis qu'ils l'obseruent
mesme à l'endroit de plus grands Docteurs, &
à qui ils doiuent ce me semble plus de respect,
que de mutiler ainsi leurs paroles. I'en ay donné
des Exemples dans mon premier Ouurage, &
i'en pourray adiouster d'autres, si quelqu'autre
occasion m'oblige de reprendre la plume sur ce
sujet.

Mais que diray-ie de l'effronterie auec laquelle ils escriuent que i'ay pris *le cinquiesme Volume
pour le 8. & le 14. Liure de la Cité de Dieu, pour le
Commētaire sur les Pseaumes;* veu qu'il ne se trouuera point en toutes les deux pages 108. & 109.
qu'ils cottent de mon liure que i'aye dit vn mot
seulement ny du 5. ny du 8. tome des œuures de
S. Augustin; & pour le passage du 14. de la Cité
de Dieu, ie l'ay tourné en François tres-iuste-
ment du Latin de ce lieu *deux amours fondent
deux Cités. L'amour de nous mesmes iusqu'au mes-*

D

pris de Dieu fonde la terreſtre , *&)* l'Amour de Dieu
iuſqu'au meſpris de nous meſmes fonde la celeſte,
comme i'ay fait celuy des Commentaires ou de
l'enarration ſur le Pſal. 64. auec la meſme fidelité, & de meſme que ſainct Cyran meſme l'auoit
tourné dans ſon Liure de la Frequente Communion *deux amours forment deux Villes , l'a-*
mour de Dieu forme Hieruſalem, l'amour du Siecle
forme Babylone. Certainement il faut que i'appli-
que à ces eſcriuains la ſentence du Prince de l'e-
loquence Latine, *que celuy qui eſt vne fois ſorti*
des bornes de la modeſtie , ſe porte aiſément iuſqu'à
l'excez de l'imprudence : & la meilleure excuſe
qu'on leur puiſſe donner d'vne impoſture ſi viſi-
ble , & qui peut-eſtre condamnée par les yeux
ſeuls, c'eſt qu'en la diſtribution de leur Ouurage,
ils ont peut eſtre donné la Commiſſion d'examiner cette Partie de mon Liure à quelque petit
Nouice de leur ſocieté, qui n'a pas eu la veuë aſſez bonne, pour remarquer ce qui viſiblement
y eſtoit couché, & qui l'a eu aſſez mauuaiſe, pour
y auoir veu ce qui ne s'y trouue point du tout.

Qui ſemel
modeſtiæ
fines tranſi-
ſterit, oppor-
tet eum gra-
uiter eſſe im-
pudentem.

ARTICLE III.

LE reproche que i'auois fait à l'Autheur du
Liure de la Frequente Communion, d'a-
uoir imité l'inſolence & la temerité de Luther,

adiouſtant à ce texte qu'il auoit produit de ſaint Gregoire ce Terme *ſeulement*, de meſme ſorte que Luther l'auoit adiouſté à vn paſſage de S. Paul en l'Epiſtre aux Galates, touche ſi fort ſes Diſciples qu'ils en paroiſſent tous eſmeus, & tous en feu, & ne le pouuant pas iuſtifier, ils ſe ſeruent de leurs Armes ordinaires, qui ſont les recriminations & les inuectiues.

Cette-remarque diſent-ils, *premierement, a eſté faitte par le Pere Noüet en ſes Predications; & ie n'ay fait autre choſe que de de le ſuiure.*

Ie n'ay pas pris la peine de lire le Liure de la Frequente Communion (quoy qu'il n'y ait page ny preſque ligne que ie n'aye marquée & nottée de ma main) Mais ie m'en ſuis rapporté entierement aux mauuais memoires qu'on m'en a donné, que ie n'ay pas meſme bien entendu, ce qui a cauſe des equiuoques & des contradictions en mes re-marques; que i'ay dit *qu'on auoit adiouſté la particule ſeulement à la verſion Françoiſe du Texte de ſainct Gregoire, encore qu'ailleurs i'aye eſcrit, qu'elle auoit eſté entierement retranchée; que i'ay pris la page 327. pour la page 325. la 2. Edition, pour la premiere, le François pour le Latin, le texte de S. Eloy, pour celuy de ſainct Gregoire.*

Toutes ces pieces ſont hors d'œuure, & ne ſeruent de rien à la iuſtification du feu Abbé de ſainct Cyran, touchant l'accuſation que ie luy auois faite, d'auoir adiouſté ce mot *ſeulement* au Texte de ſainct Gregoire, qui a par aprés eſté

effacé par le sieur Arnauld en la 2. Edition du
Liure de la Frequente Communion.

Et ie puis respondre en vn mot à toutes ces
extrauagances, qu'en cette remarque que i'ay
faite, ie n'ay point suiui les pensées du Pere
Noüet en ses Predications, où l'on ne fera point
voir que i'aye assisté; que ie n'ay eu besoin d'aucuns Memoires pour remarquer ceste falsifica-
tion du Texte de sainct Gregoire en l'addition
qu'il y a faitte du terme *seulement*, que ie l'ay veu
de mes propres yeux, & marqué de ma propre
main dans le Liure de la Frequente Communion, auant que de le coucher dans le mien; &
que ie l'ay fait auec tant de fidelité, & de verité,
que nos Apologistes mesmes sont contraints
d'en tomber d'accord; auoüant d'vne part *que*
ie n'ay point designé aucun endroit en particulier du
Liure de la Frequente Communion, où cette addi-
tion ayt esté faite, soit en la page 225. soit en la
page. 327; & de l'autre accordant qu'en ce dernier endroit où le passage de sainct Gregoire est
rapporté par sainct Eloy, le sieur Arnauld Autheur supposé du Liure de la Frequente Communion a retranché en la seconde edition de
son Liure, cette particule *seulement* qui estoit
en la premiere, *ayant, disent-ils, mieux aymé ne*
pas exprimer si fortement le sens que sainct Eloy a
donné à ce passage de sainct Gregoire, que de donner
la moindre occasion à ses Ennemis de destourner
malicieusement les paroles de son Liure, à des er-

reurs fort esloignées de ses sentimens.

Mon accusation est donc veritable, qu'en la premiere edition du liure de la FrequenteCommunion, on auoit adiousté la particule *seulement* qui a esté retranchée en la 2. & la defence de nos Apologistes, non seulement est foible, mais tout à fait nulle; aussi bien que les reproches qu'ils me font de mes mesprises ; parce que ie n'ay point pris ny la 2. edition pour la premiere, ny le passage de sainct Eloy pour celuy de sainct Gregoire, attendu que dans le rapport que fait sainct Eloy de ce passage de sainct Gregoire, qui est celuy où i'ay fait ma remarque, l'endroit est tout entier, où l'addition du terme *seulement* est faite : ny en suitte la page 327. où cette deprauation dont ie me pleins a esté cómise, pour la p. 325. où ils disent qu'on n'y a rien changé; quoy que ce dernier soit vne mesme chiquane du Chastellet, indigne de gens d'honneur & d'esprit : enfin ie n'ay point pris le Latin pour le François dans la remarque que i'ay faite en la marge de mon liure, & qu'ils ont rapportée en la p. 51. de leur libelle, que *le sieur Arnauld quoy que hardy à maintenir les erreurs de son Maistre, & industrieux à les cacher, n'a pas seulement effacé du françois la particule seulement que sainct Cyran y auoit malicieusement fourrée, mais a retranché la sentence entiere, que i'en auois rapportée, lors qu'il a transcript tout du long le texte Latin à la marge :* estant clair que ie parle du retranchement fait au Latin, & non pas en la verſion Françoiſe, qui n'en eſt pas faite en ce lieu.

Et pour cette nouuelle chiquane qu'ils font ſur ce mot *de tout*, & ſur ce que i'ay dit, *que le texte Latin de ſainct Gregoire eſtoit tranſcript tout du long à la marge*, eſtant tout a fait puerile, meriteroit pluſtoſt la ferule, que la refutation. Tout le monde ſçait qu'il ny a point de regle ſi generale, qui n'ait ſon exception particuliere: mais il eſt bien honteux d'en diſputer, lors meſme qu'elle eſt exprimée, comme en noſtre ſubiect, puis qu'au meſme endroict où ie dis que le texte de ſainct Gregoire eſt *rapporté tout du long* dans *le* Latin, ie fais voir clairement l'exception que ie fais de la ſentence qui en a eſté retranchée, par vn *&c.* artificieux, dont nos Apologiſtes meſmes conuiennent en la p. 52. & 53. de leur libelle, rendant pour raiſon de ce retranchement, que le meſme paſſage auoit eſté rapporté tout du long en la p. 287. c'eſt à dire, trente ſept pages auant ce lieu. Le Lecteur receura cette excuſe s'il l'a trouue ſuffiſante, pour iuſtifier leurs artifices & leur mauuaiſe foy.

Pour moy, ie ne puis pas receuoir celle qu'ils rendent de l'addition du terme *ſeulement* faite au paſſage de ſainct Gregoire rapporté par S. Eloy, ſçauoir qu'elle ait eſté faite *pour exprimer plus fortement le ſens que ſainct Eloy a donné à ce paſſage de ſainct Gregoire.* Car par vne meſme raiſon Luther euſt peu ſe defendre d'auoir

fait la mefme addition au paffage des Galates,
*Nous eftimons que l'homme n'eft point iuftifié par
les œuures de la Loy, mais* SEVLEMENT *par
la foy,* fourrant ce mot *feulement* qui n'eft point
dans le texte, & lors qu'il fut preffe de s'en iuftifier, il euft peu eftre excufable de s'en efmouuoir,
& de dire comme il fit, ce qui pourtant eft re-
puté vne extreme infolence, *que Papifte &
Afne eftoient vne mefme chofe : & qu'il fuf-
fifoit de refpondre que Luther eftoit le Docteur des
Docteurs, qu'il l'auoit voulu ainfi, & que fa volonté en eftoit vne raifon fuffifante*, qui eft vn
procedé peu different de celuy du chef de nos
Cabaliftes, le feu Abbé de fainct Cyran, qui ne
traittoit les Docteurs & les Euefques, que comme des petits Difciples, & vouloit que toutes fes
paroles paffaffent pour des Oracles, dont il ne
fuft pas feulement loifible de difputer. En quoy
il n'a pas efté mal imité par fes Difciples, lefquels
auec toute leur grande lecture ayant ignoré, ou
diffimulé le canon du Concile Romain, celebré
fous Siluestre, où fe trouuerent 230. Euefques
qui deffend expreffement aux Clercs d'vn
grade inferieur d'accufer ceux qui font d'vn de-
gré fuperieur, ofent effrontement, & par efcrit,
accufer vn Euefque, & vn ancien Docteur, qui a
trauaillé auec affez d'affuidité depuis trente
cinq ans pour le public, & pour l'Eglife, tant de
la voix que de la plume, & dans Paris & dans la
Cour, d'vne ignorance vniuerfelle en toute for-

te d'arts & de sciences, & de n'estre qu'vn simple compilateur des memoires des autres. Voila
vn eschantillon de la modestie Chrestienne de
nos nouueaux Reformez, qui preschent la Penitence au monde, & ne la font pas, ordonnent
des penitences publiques pour toute sorte de
pechez mortels, & ne se couurent pas de sacs &
de cendre pour les horribles & outrageuses inuectiues qu'ils couchent sans cesse dans leurs escrits, contre vn des oints du Seigneur, & vn des
Princes de son Eglise; ils ont mal leu, & entendent encores plus mal l'exemple du grand Apostre (qu'ils s'efforcent d'establir vn des chefs de
l'Eglise) qui se reprend & demande pardon
pour auoir appellé par ignorance le Prince de la
Sinagogue infidelle *paroir blanche.* Ayant vomy
tant d'inuectiues contre vn des Princes & des
Prelats de l'Espouse de Iesus-Christ. Dieu leur
pardonne parce qu'ils ne sçauent pas ce qu'ils
font.

Par la mesme voye les Ministres iustifieront
vne pareille depreuation qu'ils ont faite, &
dont ils ont esté repris par beaucoup de Docteurs Catholiques, à vn passage de sainct Paul,
de la 1. à Timothée. 5. où ils ont tourné, *Il y a
vn seul Dieu, & vn seul moyenneur*, adioustant
la particule *seul* qui ne se trouue, ny au Grec,
ny au Latin, & qu'ils ont depuis retranchée en
leurs nouuelles Bibles; en disant que *c'est pour
exprimer plus fortement le sens de sainct Paul,
& declarer*

& declarer mieux l'vnique mediation du Fils de Dieu.

Ils en diroient autant du changement qu'ils ont fait de la particule *finon,* qui porte conionction, en celle de *mais,* qui marque la diuision dans ce mefme paffage des Galates que nous auons defia cotté, *Nous eſtimons que l'homme n'eſt point iuſtifié par les œuures de la Loy : mais par la foy,* où felon le texte Grec il y a finon *par la foy,* ἐὰν μή. s'excufant fur ce qu'ils ont fait ce change- ment , *pour exprimer plus fortement le fens de l'Apoſtre en ce lieu, & faire voir l'excluſion des œuures de la loy en la iuſtification.*

Bref fi cette liberté eſt foufferte, de faire des additions de paroles aux textes qu'on produit, foit de l'Efcriture, foit des Peres, les Heretiques portés affez d'eux mefmes à de femblables de- prauations, s'y côfirmeront encore dauantage, par l'exemple de ceux qui fe difent Catholiques, qu'ils verront en vfer de la forte, en l'allegua- tion des paffages des Peres.

I'ay encore vn mot à adiouſter, auant que de conclurre cét article. Nos Apologiſtes font ce qu'ils peuuent pour defendre leur Maiſtre d'a- uoir enfeigné cette erreur, que ie luy auois re- prochée, & pour l'affermiffement de laquelle i'auois fait remarquer au Lecteur qu'il y auoit grande apparence qu'il auoit fait entrer cette particule *feulement* dans le paffage de fainct Gregoire, fçauoir que proprement l'abfolution du Prestre ne conferoit point la remission des pechez, mais n'estoit que declaratoire de cette remission desia octroyée *par la sentence du Iuge eternel & inuisible*, en vertu de la contrition, & de la satisfaction salutaire, & purgatiue des pechez qui la deuoient preceder. Mais pour le defendre de cette erreur condamnée par le Concile de Trente, ils se seruent de leur Rhetorique ordinaire en disant *qu'il n'est pas besoin de long discours pour refuter cette calomnie, & qu'il suffit d'ouurir le Liure de la Frequente Communion*, (qui est la phrase ordinaire de ces seconds escriuains, presque en tous leurs Libelles Anonymes) *afin de la trouuer ruinée en termes si clairs, qu'il est difficile de comprendre comme on la peut imposer à monsieur Arnauld auec tant de hardiesse.*

A quoy ils me permettront de leur respondre, en peu de mots, & fort simples, que pour iustifier leur Maistre de cette erreur, il y a quelque chose de plus à faire, *qu'à ouurir le Liure de la Frequente Communion*, pour y voir quelques lieux qu'ils en produisent lesquels parlét en termes tout à fait equiuoques, & impropres de la remission des pechez octroyée par les Prestres: & qu'il est necessaire de respondre exactement à cette ample section, en laquelle ie traitte expressement cette matiere, qui est la quatriesme du dernier Examen de la doctrine de sainct Cyran & de sa Cabale, que ie nomme *d'Examen des retractations*, où par les principes establis

dans le Liure de la Frequente Communion, &
par plus de trente ou quarante paſſages tres-
expres, ie fais voir inuinciblement, que tout
equiuoque leué, ſur les termes *de remiſſion, & de
reconciliation des pecheurs*, le Preſtre ſelon le ſen-
timent de ſainct Cyran, & de ſa Cabale, ne remet point le peché par ſon Abſolution, c'eſt à
dire, ne confere pas la grace, qui de pecheurs
rend les hommes iuſtes, & qu'il ne leur doit
departir, qu'aprés qu'il a connû que la grace re-
miſſiue du peché leur a deſia eſté octroyée de
Dieu en vertu de la Penitence, ou d'vne ſatisfaction ſalutaire. Le Lecteur prendra la peine, s'il
luy plaiſt, de voir ce que i'ay eſcrit ſur ce ſujet
en cette ſection, depuis la page 152. du 2. Chiffre iuſqu'à la p. 154. & iugera ſi nos Cabeliſtes
n'ont autre choſe à faire pour defendre leur
Maiſtre de l'erreur dont ie l'ay accuſé *que d'ouurir
ſon Liure*, & s'il ne leur faudra pas ſuer pour ſa-
tisfaire en gens d'honneur, & pied à pied à tant
de preuues que i'ay tirées de ſes propres eſcrits
pour l'en conuaincre.

Quatrieſme Iuſtification.

ARTICLE IV.

I'Auois accuſé l'Autheur du Liure de la Frequente Communion, non pas d'auoir falſi-
fié, mais d'auoir indignement abuſé d'vn paſſa-

Iugement, & Examen, du Liure de la Frequente Communion, p. 2. chap. 15. §. 5. p. 310.

ge de de sainct Cyprian, où il aduertit les Chreſtiens qui eſtoient tombez durant la perſecution *de n'attendre que de Dieu ſeul la remißion de leurs crimes*, pour appuyer de l'authorité de ce S. Prelat & Martyr cette erreur, dont nous venons de parler, & qui ſert de fondement à toute ſa doctrine, que le Preſtre proprement ne remet point les pechez aux penitens : Mais que c'eſt de Dieu ſeul qu'ils en doiuent attendre la remißion ; Et en effect, la ſuitte du diſcours de ce Liure eſt ſi euidente pour cela, qu'il faut s'aueugler volontairement, pour ne pas remarquer l'intention de l'Autheur en l'alleguation de ce paſſage. Voicy au net tout le fait, & l'enchaiſnement de ſon diſcours ; aprés auoir pleinement declaré ſes ſentimens ſur ce ſujet (qu'il voudroit bien perſuader auoir eſté ceux de tous les Peres) par ces paroles que i'ay rapportées dans mon Liure, *Ainſi nous voyons que ces ſaincts Peres par qui nous auons receu la doctrine de noſtre foy, eſtoient bien eſloignés de croire (comme quelques vns font aujourd'huy) qu'il n'y euſt autre choſe à faire pour obtenir le pardon des plus grands crimes, que de ſe jetter aux pieds d'vn Preſtre & de luy raconter ſes deſordres, puis qu'ils enſeignent ſi nettement, que pour auoir droit d'attendre du Preſtre la remißion des pechez, il faut qu'auparauant nous faßions vne Penitence conuenable, & proportionnée à la grandeur de nos fautes, que nous deſpoüillions le vieil homme auec toutes ſes actions, & reueſtions le nouueau ; que*

a Le Lecteur obſeruera que ſes paroles, *deſpoüiller*

nous nous rendions dignes par vne satisfaction salu-
taire d'estre absous par la sentence du Iuge Inuisible. le vieil homme, se reue-
stir du nou-
ueau sont
empruntées

de sainct Paul, par lesquelles on est d'accord qu'il n'entend autre chose qu'auoir des-
pouïllé le peché, & s'estre reuestu de la grace, ce que l'Autheur du Liure de la Frequente Communion, exige comme vne condition necessaire auant que de receuoir l'Absolution du Prestre, que par vn foible equiuoque, & dont nous l'auons conuaincu visiblement en nostre second Ouurage, il appelle la remission des pechez.

Pour confirmer cette doctrine ou plustost
cette erreur, que faussement il attribuë aux
Peres anciens, il employe les expressions de
quelques Peres, *qui ont esté,* dit-il, *si fortes contre*
ceux qui negligeant de fleschir Dieu par vne longue
perseuerance dans les gemissemens, & dans les sous-
pirs, & de lauer leurs crimes dans l'eau de leurs lar-
mes, demandoient d'estre reconciliées par l'Eglise,
qu'à n'entendre pas bien leur langage, il sembleroit
qu'ils eussent passé iusqu'à l'erreur des Nouatians,
& qu'ils eussent désauoüé le pouuoir que l'Eglise a
de remettre les pechez, & allegue en particulier
sainct Cyprian au lieu dont il s'agit icy, & auquel, dit S. Cyran, *il aduertit les Chrestiens qui*
estoient tombés durant la persecution de n'attendre
que de Dieu seul la remission de leurs crimes, ioi-
gnant à sainct Cyprian, le Clergé de Rome,
qu'il dit auoir enseigné la mesme chose.

Voila proprement l'accusation que i'ay formée contre l'Autheur du Liure de la Frequente
Communion; c'est la pleinte que i'ay faitte de
sa malice, d'employer pour confirmer son erreur des expressions des Peres, que luy mesme
n'oseroit soustenir, & qu'il a esté par aprés con-

traint d'adoucir par des interpretations palliées, & equiuoques, comme ie le feray voir incontinent, & l'ay pleinement descouuert en mon 2. Ouurage.

Nos Apologistes inuisibles, au lieu de iustifier leur Maistre de cét artifice malicieux dont ie l'accusois, s'emportent à leur ordinaire en de grades & iniurieuses declamations, & des comparaisons tres odieuses, & outrageuse à ma personne, & à celle des Peres Iesuites, me comparant au *feu sieur Dupleßis Mornay*, celebre Heretique, & ennemy de l'Eglise, & les Peres Iesuittes aux Ministres, Caluinistes, & taschans par des rapports aussi faux que ridicules, de persuader, que comme le sieur du Plessis auoit esté trompé par les faux Memoires des Caluinistes, i'ay de mesme esté surpris par ceux qui m'ont esté fournis des Iesuites, & en particulier, que comme on fit prendre à ce pauure Seigneur, l'objection pour la solution, ce qui luy donna la fievre, entendant l'arrest de sa conuiction, i'en ay fait le mesme touchant ce passage de sainct Cyprian dont il est question, ce qui sans doute me ietteroit dans l'agonie, si mon Liure venoit à estre examiné deuant des Iuges d'Authorité & de respect.

Mais laissons-les espancher leur venin (car que pourroient ils faire autre chose, puis qu'ils ne sont remplis que de venin) pour venir au fait. Ie dis qu'en tout'ce discours, il n'y a pas vn mot de verité, & que ce sont toutes suppositions aussi fausses & calomnieuses, qu'elles sont vaines & extrauagantes. 1. que ie n'ay point esté surpris par les memoires des Iesuites; par ce que ie n'en ay receu aucuns de leur part, & ie les deffie de iustifier le contraire. 2. que ie ne me suis point mespris moy - mesme en l'examen que i'ay fait de cét endroict du liure de la Frequente Communion, ny au iugement que i'ay rendu de la malice & mauuaise foy de l'Autheur, en l'alleguation qu'il a faite du passage de sainct Cyprian, aussi bien que de l'Epistre du Clergé de Rome addressée au mesme sainct Cyprian, & enfin que ie n'ay aucunement pris l'obiection pour la solution, parce que sainct Cyran n'a point allegué le passage de sainct Cyprian, non plus que celuy du Clergé de Rome, comme vne obiection qu'il fit contre la doctrine qu'il venoit d'enseigner, sçauoir que le pecheur deuoit estre entierement absous de Dieu, & remis en sa grace, auant que de pretendre d'en receuoir l'absolution (qu'improprement il appelle remission) par le ministere du Prestre, mais comme vne Confirmation qu'il en vouloit tirer, en produisant leurs expressions si fortes (à ce qu'il escrit) sur ce subiect *qu'à ceux qui n'entendroient pas bien leur language, ils sembleroient auoir passé iusqu'à l'heresie de Nouatiaans, attribuant la remission des pechez à Dieu seul , & desauoüant le pouuoir de l'Eglise pour les remettre.*

Et quant à ce qui est de la pretenduë solution; ie maintiens que c'est vne veritable correction & vn adoucissement forcé qu'il a voulu apporter aux paroles de sainct Cyprian & du Clergé de Rome, qu'il iugeoit luy mesme prises dans la rigueur passer iusqu'à l'excez, & estre capables de le faire condamner pour s'estre seruy de ces passages, afin d'appuyer sa doctrine, par lesquels il eust paru auoir desauoüé entierement la puissance de l'Eglise à remettre les pechez, pour l'attribuer à Dieu seul, ce qui est bien en effect le principal fond de sa doctrine & de sa Cabale; mais qu'il n'osoit pas ouuertement declarer à cause des Anathemes, dont le Concile de Trente frappe tous ceux qui dénieront aux Prestres la puissance de remettre les pechez au tribunal de la Penitence. I'ay si clairement descouuert ces palliations & ces equiuoques en mon second ouurage, que ie suis asseuré que le Lecteur qui se donnera la peine de les considerer aux lieux que i'ay cotté à la marge, se gardera bien de se laisser surprendre à de si foibles artifices.

Voila Messieurs nos Maistres, à quoy il se faut attacher, & le point precis qu'il est necessaire de contredire, si vous voulez iustifier vostre bon Maistre de sa mauuaise foy, & me conuaincre, comme ridiculement vous vous en vantez, de mes surprises, & de mes impostures.

Cinquiesme

6. Examen des deguisemens & equiuoques. p. 395. & aux suiuantes du premier chiffre. Dernier Examen des retractations. p. 207. iusqu'à la page 215. du 2. chiffre.

Cinquiesme Iustification.

ARTICLE V.

MOnsieur Auuray (que le bon esprit, les belles lettres, & la singuliere pieté ont fait assez connoistre & estimer de tous les gens d'honneur, quoy qu'il ne trauaille qu'à se cacher) dans la lettre qu'il m'auoit fait l'honneur de m'escrire, pour apprendre mes sentiments, & me communiquer les siens, touchant le liure de la Frequente communion, que la nouueauté auoit rendu assez celebre ; entre autre choses accusoit l'Autheur de ce liure de sa mauuaise foy, en ce qu'il rapportoit qu'vn certain Audeus, selon Theodoret, auoit esté declaré Heretique, pour auoir donné l'absolution aux pecheurs, *aussi tost apres la confession sans leur prescrire le temps de la penitence, selon que l'Eglise l'ordonne* ; Baronius au contraire enseignant selon Theodoret, que ce fust pour n'enioindre point du tout de penitence, comme s'il eust eu pleine authorité de pardonner.

Voila l'accusation, où il est vray qu'on a mis vn mot pour vn autre dans l'impression, on a mis *enioindre penitence* pour *absouldre*, ce que le sieur Auuray n'auoit pas manqué de corriger, & de le faire mettre dans l'Errata, qui a esté obmis par le Libraire ; quoy que l'explication fust tres

F

claire en la suitte de son discours, où quatre ou cinq lignes apres, parlant des Audiens il dit en termes formels *que si les Audiens sont declarez Heretiques pour auoir donné l'absolution, aussi tost apres la confession, qu'il ne sçait pas comme on pourroit sauuer d'heresie Bellarmin, &c.*

Mais ces esprits remplis de fiel & de venin, qu'ils taschent de respandre sur tout ce qu'ils touchent, sans se donner le loisir de lire tout du long le discours du sieur Auuray, s'arrestent au premier mot, pour auoir lieu de reprendre & d'inuectiuer, luy attribuant vne faute, qu'il est visible n'estre arriuée que par le defaut de l'Imprimeur, ou du Copiste, & sur vne imagination si mal fondée contre les loix de la charité Chrestienne, s'espanchent en iniures, & voudroient bien faire passer s'ils pouuoient vn des plus moderez & vertueux Ecclesiastiques que nous ayons, pour vn faussaire signalé, & qui en vn seul mot a couché deux faussetez insignes.

Responce au liure de Monsieur l'Euesque de la Vaur. p. 85.

Ie ne sçay si apres vn procedé si iniuste, si superbe & si contraire à l'esprit du Christianisme, ie seray blasmé d'appliquer à ces Autheurs de nouueaux dogmes, & à ces escriuains reformez, ce qui se trouue dans les lettres qu'Alexandre Patriarche d'Alexandrie escriuit aux Euesques touchant Arrius & ses associez, qui commençoient à leuer les cornes, & à mettre leur heresie en euidence, *Ce sont,* dit-il, *des esprits orgueilleux, qui ne veulent pas qu'aucun des Pe-*

Baronius les rapporte en l'année 318. de Nostre Seigneur. nũ. 80. Quinetiam neminé volũtex antiquis patribus sibi comparaṛị: nequeillis

res foit comparé à eux, & ne permettent pas que les precepteurs dont nous auons vsé dés noftre ieune aage foient reputez pareils, voire mefme eftiment que pas vn de nos Confreres n'eft paruenu à vne mediocre fapience, mais qu'eux feuls font fçauants, feuls qui embraffent la pauureté volontaire, (comme noftre bande grife, qui s'occupe à l'agriculture ou autre femblable art mechanique, par principe de reformation) feuls inuenteurs des enfeignements, & à qui feuls font defcouuerts les myfteres de la doctrine, laquelle n'eftoit iamais entrée fous le Soleil en la penfee d'homme viuant. O impie arrogance! ô folie tres-grande! ô vaine gloire coniointe auec fureur. Voila vne image de ceux auec qui nous auons à faire, & de nos efcriuains reformez.

quibus nos ab ineunte ætate vfi fumus præceptoribus fe pares exiftimari finunt, imò ne vnum quidem collegarum noftrorum vel ad mediocré fapien tiam peruenifle céfent, fed fe folos fapientes, folos egeftatem voluntariam fectantes, folos dogmatū inuentores, & fibi folis ea doctrinæ patefacta effe myfteria, quæ in nullius vnquam fub fole cogitationem in mentem venerint, arbitrantur! ô impiam arrogantiam! ô infaniam immenfam! & inanam gloriam cum furore coniunctam! ô Spiritus planè Satauicos, qui impijs eorum animis velut callem malitiæ obduxere.

Mais parce qu'ils font peut-eftre ce grand bruit, à deffein de diuertir le Lecteur, & faire qu'il ne prenne pas garde à l'erreur dont l'Autheur du liure de la Frequente Communion eft manifeftement conuaincu, en ce fait qu'il rapporte des Audiens, c'eft pourquoy pour empefcher l'effect de leur artifice, ie veux prendre les paroles de fainct Cyran telles qu'elles font couchées dans fon liure, & rapportées dans le libelle Anonyme que nous examinons à prefent, & par elles faire voir, qu'il n'eft pas coulpable d'v-

Refponce au liure de Monfieur l'Euefque de la Vaur. p. 85. & 86.

ne simple erreur: mais que cette erreur est outrageuse à l'Eglise, & passe iusqu'à l'heresie. Voicy donc ses propres paroles, *Ce qui nous monstre bien clairement, que ce grand Pape n'a rien dit en tout cela, que selon le sentiment commun de toute l'Eglise. C'est ce que nous voyons que Theodoret Euesque de Cir, qui viuoit du mesme temps, marque expressement entre les erreurs de certains heretiques nommez Andieus, qui obligeoient bien les pecheurs de confesser leurs offences, mais que sans prescrire le temps de la penitence ainsi que l'Eglise l'ordonne, les absoluoient aussi tost apres cette confession, comme ayant vne pleine puissance de pardonner les pechez.*

Ils ne nieront pas, que cette penitence dont parle Theodoret, qui estoit ordonnée par l'Eglise, ne soit la penitence publique, où par les Canons le temps de faire penitence estoit reglé à trois, à six, à dix années, quelquefois à toute la vie, selon la grauité des pechez pour lesquels la penitence estoit eniointe. Cecy presupposé, & que nos inuisibles ne peuuent contester, sans renuerser les principalles maximes du liure de la Frequente Communion, voicy comme ie raisonne pour descouurir l'erreur de leur Maistre sur ce point.

Les Audiens ont esté tenus pour errants & heretiques, pour auoir absous les pecheurs aussi tost apres leur confession, sans leur auoir prescrit le temps de la Penitence, ainsi que l'Eglise

l'ordonne, c'est à dire, (comme parle en cent
endroits l'autheur du liure de la Frequente
Communion, & dans la page mesme d'où ces
paroles que ie viens de rapporter sont tirées)
sans auoir esté plusieurs iours pour ne pas dire plu-
sieurs mois, & souuent plusieurs années à faire
penitence de leurs pechez, en confirmation dequoy il adiouste aussi tost les paroles que i'ay
produites, *Ce qui monstre clairement, &c.*

Donc tous ceux qui absoluent les pecheurs,
apres leur confession, sans leur prescrire le temps
de la penitence, ainsi que l'Eglise l'ordonne, c'est
à dire, sans leur enioindre de demeurer plusieurs
iours, pour ne pas dire plusieurs mois, & souuent
plusieurs années à faire penitence de leurs pechez,
auant que d'estre admis à la participation des
Mysteres par la porte de la reconciliation, sont
errants & heretiques.

Or toute l'Eglise (du moins depuis cinq siecles)en a tousiours vsé ainsi, & vse encore à
present, selon l'adueu mesme de nos aduersai-
res, donnant l'absolution aux pecheurs qui se
sont confessez, *sans leur prescrire le temps de la*
penitence selon que l'Eglise l'ordonnoit, c'est à dire,
sans les obliger d'estre plusieurs mois, & souuent
plusieurs années à faire penitence de leurs pechez,
auant que d'estre admis à la participation des My-
steres par la porte de reconciliation.

Donc toute l'Eglise depuis cinq siecles est
errante & heretique. Iugés si asseurer cela, n'est

pas enseigner vne erreur outrageuse à l'Eglise,
mais iugez si ce n'est pas estre soy-mesme errant
& heretique, que d'accuser l'espouse de Iesus-
Christ, à qui le sainct Esprit a esté promis pour
la conduire en toute verité iusqu'à la fin du
monde, d'estre tombée dans l'erreur & dans
l'heresie.

C'est à cela nos petits Maistres, qu'il faut respondre, & non pas dissimuler la difficulté, tas-
cher de donner le change, & prendre des routes
escartées pour asseurer vostre fuitte, comme
vous faites perpetuellement.

Sixiesme Iustification.

ARTICLE VI.

EN la diuision des pechez, les Theologiens
en mettent de deux sortes, les vns Veniels,
les autres Mortels.

Les Veniels refroidissent bien la charité, mais
ne l'esteignent pas; affoiblissent la grace, mais
ne la destruisent pas, & ainsi seuls ne peuuent
pas causer la mort de l'ame.

Les Mortels estouffent la charité, ruinent la
grace, & engagent l'ame à la damnation eter-
nelle. Voila ce qui est commun à tous les pechez
Mortels, en quoy on peut dire qu'ils sont griefs,
parce qu'ils nous priuent du souuerain bien, &

nous engagent au plus grand de tous les maux, qui est celuy de la damnation.

Mais ils ne laissent pas de differer, & d'estre inegaux entr'eux: Et cette inegalité se peut prendre de diuers costez. 1. de leur obiect. 2. de leur principe. 3. de leur suitte.

Du costé de l'obiect, l'impieté & l'Irreligion sont crimes plus griefs, que l'iniustice seulemét, parce que les premieres attaquent Dieu, & l'autre proprement n'offence que les hommes: l'adultere plus grand peché que la simple fornication, & le sacrilege que le larcin.

Du costé du principe les pechez de propre volonté, & de malice deliberée sont plus griefs, que ceux qui ne sont que d'infirmité, de surprise, & de suggestion.

Du costé de la suitte, les pechez publics qui scandalisent les autres, & les portent souuent à pecher, sont plus criminels, que les secrets, qui se font sans scandale du prochain, & ne tournent proprement qu'au dommage de ceux qui les commettent.

Le Pape Soter parlant du peché qui obligeoit à la penitence publique, à laquelle estoit ioincte la separation de l'Autel, & le retranchement de la Communion selon les anciens Canons, le nomme grief, *Peccatum graue.* L'autheur du liure de la Frequente Communion, au lieu de le tourner mot à mot *peché grief* a mis peché *Mortel,* attribuant à tous les pechez

a Ie dis que le retrachement de la Communion estoit ioinct à la penitence publique & canonique, des Anciens, mais il n'estoit pas la mesme

chose, com-
me le Pere
Petau à iusti-
fié clairemét
en plusieurs
endroicts de
son ouurage,
contre le li-
ure de la Fre-
quente Com-
munion. Mais
notamment
au chap. 14.
du 2. liure, &
au chap. 8. du
liure 3, & cô-

mortels, cette grauité que le Pape Soret n'attribuë qu'aux pechez publics, scandaleux, & enor-
mes, pour lesquels la penitence publique estoit
ordonnée à laquelle se trouuoit conionct le retranchement de l'Eucharistie; & cela pour arriuer à son but, qui estoit d'assuiettir tous les pechez mortels à la penitence publique, selon la
discipline de l'Eglise ancienne.

me il est tres euident par Tertullien, sainct Cyprian, & autres Peres de l'Eglise qui marquent bien d'autres austeritez, & humiliations en la penitence Canonique, que la simple
priuation de la Communion de l'Eucharistie, quoy qu'elle s'y trouuast conioincte, ce
que i'ay marqué, pour obliger nos Dogmatistes à sortir de leurs nouueaux retranche-
ments à daclarer nettement, & nous dire, s'ils entendent que le Concile de Trente eust
esté rauy de restablir la penitence publique, ou seulement la priuation de la Communion,
quand ils asseurent qu'il a donné de grandes ouuertures pour faire ce restablissement de la
penitence des Anciens, renouuellant les traditions & les Canons qui auoient esté
dressez pour la faire obseruer; qui n'estoient pas seulement pour le retranchement de la
Communion, mais pour les autres austeritez qui se practiquoient dans les diuers degrez
de cette penitence, auant que les penitents fussent restituez à la Communion de l'Eucharistie, qui est ce qu'on ne peut quasi plus arracher de leur bouche, quoy que ce soit leur
pensée, & qu'ils en conseruent le sentiment dedans leur cœur, aussi bien que leur Maistre, qui l'a assez exprimé en diuers endroicts de son Liure, pour n'en pouuoir douter.

Voila proprement l'accusation que ie faisois
contre le feu Abbé de sainct Cyran, d'auoir malicieusement, mais foiblement & grossierement
alteré le sens & la proprieté des paroles du Pape
Soret, tournant *Peccatum graue*, peché *Mortel*,
au lieu de *peché grief*.

En sa iustification ses Disciples n'alleguent
pour raison que la question mesme, en auoüant
qu'il n'a pas tourné mot à mot *Graue peccatum*,
peché grief, mais ils disent qu'il a pris le sens
de ses paroles, quand il a mis *Mortel* pour *grief*,
parce que en effet tout peché Mortel est grief,

au sens

au sens de ce Pape; c'est à dire, assuietti à la penitence publique, & au retranchement de la Communion, qui est iustement le point de la dispute,
& qui leur a esté nié fortement par tous ceux
qui ont escrit contre le liure de la Frequente
Communion.

Mais adioustent-ils, *Monsieur Arnauld* qu'ils
font estre l'Autheur de ce liure, *n'a pas simple-*
ment auancé cette Version, mais l'a iustifiée en 3.
Chapitres dans les autres Peres. Et quant à cette
proposition, *que tous les pechez mortels selon*
l'ancienne discipline de l'Eglise estoient assuiettis à
la penitence publique, il a fait sept Chapitres ex-
prés dans sa 2. Partie pour l'approuuer.

Ie sçay cela, mais ie sçay aussi que le Pere Petau a fait vn Liure entier, qui est le sixiesme de
son ouurage, où il n'a pas seulement renuersé
toutes ses imaginaires defences, mais a fait voir
par les tesmoignages de plusieurs Peres, de S.
Eloy, de S. Leon, & notamment de sainct Augustin, qu'outre les pechez veniels, qui se pou-
uoiét expier par l'oraison Dominicale, il y auoit
encore deux autres especes de pechez (qui ne
peuuent estre que mortels, puis que les pechez
sont generalemét diuisez en mortels & veniels)
dont les vns estoient si atroces qu'ils meritoient
l'Excommunication ; d'autres qui pouuoient
estre guaris, sans cette gráde humilité de la penitence, qui s'imposoit par l'Eglise à ceux qui se
nommoient *proprement penitents.* Si le Lecteur

S. Aug. de fi-
de & operi-
bus c . 6
S. Leo. epist.
92.
S. Eloy. ser.
15. tom. 2.
Bibliothecæ
Patrum.

prend la peine de voir les lieux qu'il a cité de
sainct Augustin, & des autres Peres que ie me
suis contenté de cotter en la marge, ie m'asseure
qu'il demeurera aussi satisfait pour ce point,
qu'il aura subiect de se rire de la vanité de ces
nouueaux Apologistes, qui osent encore se pre-
ualoir des mesmes pieces qu'ils auoiét produittes, apres auoir esté si puissamment refutées,
& se mettre à couuert de mesmes defences
qui ont esté si entierement renuersées, sans
qu'ils sesoient mis en deuoir de les redresser ny
de repliquer. En attendant qu'ils le fassent ils
pourront mettre leurs pretenduës iustifications
en reserue, & cependant trouuer bon, que ie
continuë mes reproches à l'autheur du liure de
la Frequente Communion, de sa mauuaise foy
d'auoir tourné *Graue peccatum, peché grief*, &
qui deuoit estre puni par vne penitence publique, *peché mortel*, qui peut bien estre chastié
par cette sorte de penitence, s'il est enorme &
scandaleux, mais qui peut estre aussi expié par
vne penitence secrette, quand il n'est pas si
grief, & qu'il a esté commis sans scandale des
autres, selon le sentiment de sainct Augustin,
& des autres Saincts Peres produits par le Pere
Petau.

Septiefme Iuftification.

ARTICLE VII.

POur voir fi cette iuftification eft iufte, il faut que ie rapporte au iufte mon accufation.

Ie blafmois l'autheur de la Frequente Communion, d'auoir tourné ces mots d'vn paffage de Gregoire feptiefme, (ils chiquanent fur ce que le Copifte ou l'Imprimeur a mis *Sainct*, ou peut-eftre moy-mefme par mefgarde, comme fi mon accufation eftoit fort affoiblie par cette remarque) *Mundum fenefcentem*, *l'Eglife en fon alteration*, qui non feulement n'eft pas vne verfion litterale, & felon les regles de la Grammaire, mais qui rend vn fens equiuoque & fort fufpect, eu efgard aux maximes de l'Autheur de cette Verfion, & de tout le liure de la Frequente Communion.

Continuant en leur Chiquanerie, ils difent que i'ay retranché de l'endroit de ce Liure que ie rapporte, le terme *de vieilleffe*, qui eftoit adioufté à celuy *d'alteration*.

Ie refponds que ie ne l'ay point rapporté, parce que ce n'eftoit pas fur ce terme de *vieilleff* qui peut eftre attribué à l'Eglife, eu efgard au temps de fa durée, & au refroidiffement de la charité de plufieurs de fes enfans, que ie fon

dois mon accusation, mais sur celuy *d'altera-*
tion, qui outre qu'il n'est pas litteral, est encore
(comme ie viens de remarquer) fort equiuoque & fort suspect en ce que l'Eglise s'appellant
proprement Eglise par la foy(puis que c'est la
congregation des Fidelles, du nombre desquels
les pecheurs , & ceux qui viuent mal ne sont
point exclus, pourueu qu'ils n'ayent point de
croyance erronée,) on pouuoit aussi bien se re-
presenter par ce terme *l'Eglise dans son alteration*,
l'Eglise deuoyée de la veritable foy que desre-
glée en ses mœurs. Que ce qui augmentoit le
soupçon estoit , qu'on a remarqué dans cét
Autheur , particulierement en la Preface de son
Liure, vne grande affectation à raualler l'Eglise
presente, iusqu'à citer de certains titres de Conciles où il dit, *qu'on a trauaillé à la reformation ge-*
nerale de l'Eglise, sans expliquer, si ç'a esté seulement quant aux mœurs, ou bien aussi quant à
la doctrine, voire ce qui est plus exprés, *qu'on a*
entrepris de la reformer, & quant à ses mœurs, &
quant à sa foy , qui est le titre du Concile de
Latran sous Alexádre 3. que S. Cyran a cité tout
du long à la marge, pour obliger le Lecteur à le
mieux peser, cóme conforme à la doctrine qu'il
auoit enseignée à ses Disciples durant sa vie, &
qui a esté remarquée dans ses escrits , publiés a-
prés sa mort.

 C'est la remarque que i'en ay fait dans mon
premier Ouurage , & qui m'a donné lieu de

tenir cette verſion pour ſuſpecte, *l'Egliſe en ſon Alteration*, au lieu *du monde en ſa vieilleſſe.*

Outre que c'eſt vne choſe qui n'eſt ignorée de perſonne, que l'intelligence du feu Abbé de ſainct Cyran Autheur veritable du Liure de la Frequente Communion, a eſté ſi eſtroitte auec vn autre Patriarche des nouueaux Dogmes, Ianſenius, Eueſque d'Ipre, qu'il y a peu d'apparence qu'ils fuſſent diuiſés en leurs ſentimens : Et que ce dernier a expreſſément enſeigné (comme ie l'ay fait voir euidemment dans la 3. Partie de mon Ouurage, en l'appendice du Directeur) que depuis cinq cens ans les opinions des Pelagiens & Semipelagiens, qui ſont celles qu'il dit auoir eſté reprouuées par S. Auguſtin, ont eu cours preſque dans toute l'Egliſe Vniuerſelle, parce (adiouſte-il,) *que le peuple ne tient que ce que les Curés, & les Prelats enſeignent, & ceux-cy que ce qu'ils ont apris dans les Eſcholes des Docteurs, ou qu'ils ont trouué dans leurs Liures, & ainſi qu'il n'y a que leur igno*rance enfantine, & non affectée, & leur docilité, à changer d'aduis quand on leur aura fait connoiſtre la verité, qui les puiſſe ſauuer d'Hereſie, & faire que d'errans ſimples & idiots qu'ils eſtoient, ils ne ſoient pas demeurés Heretiques formels, & opiniaſtres.

Voila les raiſons qui m'ont porté à improuuer cette verſion du feu Abbé de ſainct Cyran tournant ces mots *Mundum ſeneſcentem*, qui veu-

G iij

Frequente
Communió,
2. p. chap. 11.
p. 180.

3. Partie p.
257. & ſuis.

Ianſenius tome 1. lib. 1.
cap. 28.

lent dire *le monde vieilliſſant*, par ceux-cy *l'Egliſe en ſon Alteration* , comme ne s'eſloignans pas ſeulement de la lettre, mais rendant (comme i'ay dit) vn ſens tres-equiuoque & tres ſuſpect, dequoy i'ay eu raiſon d'aduertir le Lecteur, pour ne s'y pas laiſſer ſurprédre. C'eſt à cela qu'il faut reſpondre preciſément, Meſſieurs nos Nobles Apologiſtes, & non pas vous eſtendre à nous monſtrer que la vieilleſſe peut eſtre attribuée à l'Egliſe, de quoy il n'eſt point queſtion icy, & qui peut auoir vn bon ſens, ſçauoir en tant qu'elle s'auance vers les derniers ſiecles , & qu'il paroiſt beaucoup d'affoibliſſement , & de refroidiſſement en la ferueur de ſes enfans, comme ie l'ay expliqué cy-deſſus.

VIII. *Iuſtification.*

ARTICLE VIII.

NOs quarante teſtes n'en faiſant qu'vne, ſe trouuent aſſez ambarraſſées en cette iuſtification , parce que mon acculation eſtoit ſi preciſe & ſi preſſante, qu'il eſtoit mal-aisé de la contredire. Ie reprenois en mon Liure l'Autheur du Liure de la Frequente Communion d'auoir mal traduit ces paroles de S. Bonauenture, *Ecclesia finalis*, qui doiuent eſtre renduës mot à mot & ſelon leur vray ſens, *Egliſe finale,* c'eſt à dire, des derniers temps ſelon le langua-

ge de l'escriture, ou Eglise qui durera iusqu'à la
fin du monde, ou Eglise derniere, aprés laquelle il n'y aura plus d'autre Eglise en la terre,
& que cét Autheur a tourné malicieusement
Eglise finissante, qui est vne version non seulement esloignée du sens litteral, parce qu'il faudroit qu'il y eust *Ecclesia finiens*, mais qui rend
encore vn sés tres mauuais & tres suspect, comme si l'Eglise dés le temps de sainct Bonauenture eust esté sur sa fin, & que le temps qui a coulé
du depuis eust esté celuy de son alteration, & de
sa cheute, par l'Heresie Pelagienne & semipela-
gienne, que le premier & principal Autheur de
toute la secte, & de toutes nos diuisions *pretend*
s'estre glissée & espanduë vniuersellement dans
toute l'Eglise, & dont le feu Abbé de S. Cyran
son grand amy ne s'est aucunemét esloigné, cóme on a remarqué dans ses escrits, dont quelques Articles ont esté extraits par vne personne
de qualité & de croyance, quoy que ses Disciples
qui osent tout, les desauoüent aujourd'huy.

Mais ce n'est pas à quoy ie me dois maintenant arrester. Pour venir au poinct, voyons ce
que produisent nos Apologistes pour la iustification de leur Maistre. Mon accusation, quoy
que serrée & succincte ne laisse pas de conte-
nir deux Chefs : car ie reprends ce traducteur de
S. Bonauenture, 1. de s'estre esloigné de la propre signification des paroles. 2. de leur auoir
donné vn mauuais sens.

Response au Liure de Monsieur L'Euesque de Lausur pag. 197.

Au premier nos Apologistes sont müets, auoüant la faute par leur silence.

Pour le second ils s'en defendent si foible-ment, qu'ils semblent plustost auoir trahi l'hon-neur de leur Maistre, que de l'auoir voulu iu-stifier.

Ils n'ont pas, disent-ils, voulu tourner *Eglise finale*; parce que ce terme *final* signifie ce qui est dernier, comme par exemple quand nous di-sons le iugement final, nous entendons le iuge-ment dernier, & du dernier iour: ainsi de quel-ques autres exemples qu'ils produisent, mais en-core auec moins de raison & de iugement, que celuy-cy.

C'est la mesme façon d'argumenter dont se sont seruis les Heretiques sacramentaires, Zuin-gliens, & Caluinistes, pour affoiblir la preuue que tous les Catholiques ont tousiours tirée des paroles de l'institution de l'Eucharistie, *cecy est mon Corps; cecy est mon Sang, pour* establir la reel-le, & veritable presence du Corps, & Sang du Fils de Dieu sous les especes Sacramentelles en cét adorable Mystere: En quelques lieux disoiét-ils, de l'Escriture le verbe *est* se prend pour *signifie*, comme en ceux-cy, *la semence est la paro-le; la Pierre estoit Christ*, & quelques autres sem-blables; donc en ce lieu-cy, *cecy est mon corps*, le Verbe *est* se doit prendre pour *signifie*, & le sens de toute la sentence doit estre, celuy-cy, *cecy signifie mon Corps*, & non pas, *cecy est mon Corps*.

Contre

Contre lefquels, & pour leur faire voir la foibleſſe de leur raiſonnement, on leur retorque le meſme argument; en pluſieurs lieux, de l'Eſcriture, le verbe *eſt* retient ſa propre ſignification, & ne ſe prend point pour *ſignifie* comme quand il eſt dit, *au commencemẽt eſtoit le Verbe, & Dieu eſtoit le Verbe; le Verbe a eſté fait Chair; celuy-cy eſt mon Fils bien aymé, & ainſi d'vne infinité d'autres lieux*: Donc en celuy-cy particulier *cecy eſt mon Corps* le verbe *eſt* doit eſtre pris en ſon ſens propre & naturel, & non pas en vn ſens eſtranger, pour *ſignifie*, & le vray ſens de la ſentence du Fils de Dieu doit eſtre, *cecy eſt veritablement mon Corps*, & non pas *cecy ſignifie ſeulement mon Corps*.

Le procedé de nos Apologiſtes ſur le ſujet dont il s'agiſt icy eſt tout le meſme; auſſi doiuét-ils eſtre refutez de meſme façon: Quelque-fois le terme *final*, ſe prend pour dernier, comme en leur exemple le *Iugement final*, ſe prend pour le iugemét dernier, ou pour le dernier iour auquel ſe doit faire le iugement: donc en cette façon de parler, *l'Egliſe finale*, il faudroit que le meſme terme *final* exprimaſt *la derniere Egliſe dans le dernier temps, & le dernier moment qu'il a plû à Dieu de la conſeruer ſur la terre*, qui ſont les termes de nos Apologiſtes: mais leur foibleſſe paroiſt en pluſieurs chefs dans ce peu de paroles qu'ils auancent. Car 1. ie puis retorquer leur meſme argument contre eux, de la meſme ſorte que les Docteurs Catholiques, retorquent l'argument des Heretiques sacramentaires contre eux-mesmes, en plusieurs expressions le terme *final* ne se prend pas pour dernier, c'est à dire, pour ce qui est à sa fin, & à son *dernier moment,* mais pour ce qui doit tousiours durer & *qui marchera* iusqu'à vn terme qui est hors de la chose qui dure, donc quád on dit *l'Eglise finale* ce terme *finale* ne veut pas dire l'Eglise qui est à sa fin, & au *dernier instant de sa durée, où Dieu la veut conseruer sur la terre,* comme se sont figurés nos Apologistes visionnaires : Mais pour celle qui durera iusqu'à la fin des Siecles & du monde, où de la terre elle sera transportée au Ciel, & de Militante renduë Triomphante : comme en ces expressions la perseuerance finale, & l'impenitence finale (qui ne sont pas termes barbares, mais tres vsitées parmy les sçauants, & qui se picquent de quelque chose & de plus grand que de cette pureté rafinée que S. Paul, & les Doctes condamneroient de barbarie, parce qu'elle obscurcit plûtost les choses, qu'elle ne les explique) le terme *final* ne se prend point du tout pour la fin de la perseuerance, & de l'impenitence, qui ne sont plus du tout quand leur fin est arriuée, parce que le terme qui les fait finir, comme generalement toutes les choses successiues, est externe, c'est à dire, n'est pas en elles mais au dehors, ainsi que l'enseignent communément les Philosophes dans la Physique : Mais l'vn & l'autre se nomme finales, parce qu'elles dureront iusqu'à la fin de la vie, c'est à dire, que celuy est creu auoir le don de la perseuerance finale, qui doit conseruer la grace iusqu'au dernier moment de sa vie, moment qui n'est pas plustost arriué, que cette grace de perseuerance, qui est bornée par le temps de la vie, sera eschangée en celle qui doit durer toute l'eternité. Il en faut dire autant de l'impenitence finale. Et quoy qu'on ne puisse asseurer qu'vn homme ait receu la grace de perseuerance finale, ou qu'il ait esté dans l'impenitence finale, qu'à la fin de sa vie, iamais pourtant, ie ne diray pas Theologien, mais homme d'esprit, ne dira que cette perseuerance finale, & cette impenitence finale, ne soient autre chose que ce dernier moment, ou elles sont acheuées, & ne sont plus tout; de mesme qu'encore qu'on ne connoisse que le iour est passé que par sa fin, c'est à dire par l'instant qui le fait cesser d'estre, & qui est le commencement de la nuict, personne pourtant ne dira que le iour ne soit autre chose que cét instant terminatif, qui donne commencement à la nuit.

Ie finis auec cette autre remarque du grand iugement de nos Apologistes, qui proposent comme vne erreur, & vne heresie, ce qui est vne verité tres-asseurée & tres-Catholique, sçauoir que l'Eglise Chrestienne est la derniere Eglise, non qu'elle soit arriuée à son dernier iour, mais parce qu'il n'y en aura aucune apres elle, & qui

luy succede, comme elle a succedé à l'Eglise des
Iuifs, & pris la place de la Sinagogue: d'où vient
que toutes les assemblées & les sectes qui se sont
sousleuées depuis l'establissement de cette derniere Eglise de Iesus-Christ, n'ont iamais esté
receuës pour Eglises, mais ont esté iettées comme des factions d'Herétiques & Schismati-
ques, & des Congregations de Sathan.

Et quant à l'exemple qu'ils donnent du iugement dernier, ou *final*, il paroist bien qu'ils le
font auec fort peu de iugement, & que si ils en
ont eu autrefois, qu'il commence fort à decliner
vers sa fin, parce que le *Iugement final* peut estre
appellé dernier, mesme quant au temps, parce
qu'il ne se fera qu'au dernier iour, & à la fin du
temps ; ce qui ne se peut pas dire de l'Eglise qui
est establie il y a desia plus de seize cens ans, & a
duré, & perseucrera iusqu'à la consommation
de tous les siecles.

Chiquanez maintenant, nos petits Maistres,
sur les mots, & raffinez sur les paroles autant
que vostre vanité vous persuadera, que vous
ayez droict de faire, & dites au reste des hommes, ce que sainct Hierosme reprochoit à Rufin, *qu'ils ont si peu d'intelligence des langues,*
que les Latins les prennent pour des François, &
les François pour des Latins.

Mais pour ce qui est de ces matieres vn peu
subtiles, ie croy que le meilleur conseil qu'on
vous puisse donner, c'est d'en parler fort sobre-

ment, & d'en escrire encore moins, parce que
faute de les bien conceuoir, vous en parlez auec
si peu de iugement, & embarrassez vos discours
de tant de tours & de confusions, que ceux qui
aymét vn peu la solidité & les choses iudicieuses,
auroient suiect de vous dire comme le mesme S.
Hierosme au mesme Rufin, *que quand ils lisent vos*
escrits qu'ils n'entendent aucunement, ils pensent lire
vn Heraclite, tant ils ont de peine de deuiner vos in-
tentions : Neantmoins qu'ils ne sçauroient estre
marris, ny se repentir de leur tardiueté, souffrant
en lisant, ce que vous autres souffrez en escri-
uant.

Neufiesme & derniere Iustification.

EN cette derniere Iustification nos Apologistes sont proprement comme ceux qui
dançent sur la corde, & qui n'estans pas encore
assez exercez en ce mestier, sont continuelle-
ment en balance, & en apprehension de prendre le saut : ils n'osent pas tout à fait reprendre
l'accusation que i'auois formée contre l'autheur
du liure de la Frequente Communion, qui n'a
pas esté (comme ils voudroient bien le persua-
suader pour excuser leur bon Maistre) d'auoir
mal traduit le passage du Concile de Trente;
mais d'auoir vsé de malice & de mauuaise foy,
en rapportant dans le François l'aduis que le
Concile de Trente donnoit aux Prestres, tou-

chant l'inionction des penitences aux pecheurs
qui se seroient confessez à eux ; dont ils ont
teu malicieusement les paroles plus precises
& decisiues, & ne les ont rapportées qu'à
demy. Neantmoins pour paroistre auoir fait
quelque chose à la iustification de leur Maistre
accusé, & conuaincu d'vne malice si affectée, &
d'vne mauuaise foy si visible, se seruans de leur
methode ordinaire, propre à estourdir les aureil-
les, & surprendre l'esprit des simples, *ils cherchent
dans les iniures dequoy parler ; parce qu'ils ne sçauroient rien dire de solide en disputant* ; comme le
reproche sainct Augustin à Iulian ; ils font grãd
bruict, & formét de grosses plaintes côtre moy,
comme si i'auois fait vne iniure atroce à l'Autheur du liure de la Frequente Communion, de
luy auoir imputé cét artifice malicieux, *si i'auois,
disent-ils, pris la peine de me seruir de mes propres yeux, pour lire le Liure de la Frequente
Communion, ou tout au moins de le conferer auec
mes memoires, i'aurois reconnû la fausseté tres
manifeste qui a esté commise en cét endroict, par
ceux qui les ont composés ; parce (adioustent-ils
vn peu plus bas) que l'Autheur de ce Liure ne
traduit, ny ne rapporte point ce passage du Concile
en françois dans le corps de son Liure, mais seulement en latin à la marge.* Et d'autant que continuant en leur hardiesse, ou plustost dans l'excez de leur impudéce, qui ne leur permet pas de
rougir, ils prennent encore les yeux du Lecteur

pour luges, & se contentent pour toutes pieces
iustificatiues de la lecture du lieu allegué du liure
de la Frequente Communion, i'accepte les mesmes luges, & employe la mesme piece de leur
production contre-eux mesmes, pour faire voir,
& la verité de mon accusation, & la foiblesse
de leur deffence.

Voicy les termes de mon accusation, contre-
eux mesmes qu'ils ont rapportés dás leur Libelle, *Auant que de donner vne forme legitime, à
ce raisonnement, ie seray bien aise que le Lecteur
remarque encore la candeur de cét Autheur, en
l'employ qu'il fait des passages des Sainĉts Peres,
& des Conciles, veu qu'il ne rapporte qu'à demy
le texte du Concile, & en retranche tout ce qu'il
iuge ne pas fauoriser sa mauuaise doĉtrine. Et de
cela ie ne veux que les yeux pour en iuger, en
confrontant les paroles latines du Concile, qu'il
cite à la marge, auec celles qu'il rapporte en françois dans le corps du Liure. Voicy les paroles du
Concile mot pour mot,* Les Prestres du Seigneur
doiuent donc autant que l'esprit & la prudence
leur suggere, enioindre des satisfaĉtions salu-
taires & conuenables, selon la qualité des crimes, & la faculté des Penitens: de peur qu'vsant
de trop d'indulgence auec eux, & ne leur impo-
sant que quelques legeres peines pour des fautes griefues, ils ne se rendent participants des
fautes d'autruy. *Voila comme il a teu ces paroles
du Concile, instruisant les Prestres comme ils doi-*

uent comporter en l'inionction des penitences , selon que l'esprit & la prudence leur suggere, &
ces autres qui regardent la qualité des penitences
qui doiuent estre ordonnées , selon la qualité des
crimes & la faculté des Penitents.

Le Lecteur qui doit iuger par ses yeux nostre different, prendra la peine s'il luy plaist de
remarquer ces mots de mon accusation *qu'il*
(L'autheur du Liure de la Frequente Communion) *ne rapporte qu'à demy le texte du Concile,*
& en retranche tout ce qu'il iuge ne pas fauoriser
sa mauuaise doctrine: Ité en celles cy, en confrontāt
les paroles latines du Concile qu'il cite en la marge
auec celles qu'il rapporte en françois dans le corps
du liure, où il est euident que ie ne dis pas que
cét Autheur ait bien ou mal traduit les paroles
du Concile: ce qui sert à leuer l'equiuoque, &
empescher l'effect de la chiquane de ces plai-
deurs à gages.

Voyons maintenant les paroles du Liure de
la Frequente Communion , & que le mesme
Lecteur prenne la peine de considerer, si ce n'est
pas vn rapport du Concile, dont le texte Latin
est couché en la marge, & s'il n'est pas vray que
l'Autheur de ce Liure *ne la rapporte qu'à demy,*
& en a retranché ce qu'il iugeoit ne pas fauoriser
sa mauuase doctrine. Quoy que le Concile ne de-
clare que fort generalement la maniere dont on
doit satisfaire à la Iustice de Dieu, apres l'auoir
offencé mortellement depuis le baptesme , il le fait

toutefois

toutefois de telle forte, qu'il ne iuftifie pas moins
la conduite que vous condamnez, qu'il condamne
tous les excez que vous paroiffez vouloir authorifer;
il n'en fait point d'autres preuues que ces paroles
eftonnantes, par lefquelles il enioinct à tous les
Preftres d'impofer à leurs Penitents des peines
proportionnées à la grandeur de leurs pechez, s'ils
ne fe veulent rendre participans des crimes d'autruy.

Remarquez Lecteur, *Quoy que le Concile ne
declare que generalement*, &c. *Il n'en faut point
d'autres preuues, que ces paroles eftonnantes*, &c.
N'eft-ce point rapporter le fentiment du Concile mis en Latin à la marge, & peut-on nier
que ce ne foit vn rapport de ce que le Concile a
voulu enfeigner en ce lieu? Apportez maintenant vos yeux, cher Lecteur, ie demande Iuftice,
& non pas Grace; Iugez, fi i'ay rien impo-
fé en mon accufation? S'il n'eft pas vray que
l'autheur du liure de la Frequente Communion
n'a rapporté qu'à demy le texte du Concile? Et s'il
n'en a pas retranché ce qu'il a iugé ne pas fauori-
fer fa mauuaife doctrine? Puis qu'il a paffé fous
filence dans fon françois (qui feul pouuoit
eftre remarqué par la plus part de fes Lecteurs)
ces mots *que le Preftre en l'impofition des peni-
ences doit principalement agir felon que l'efprit &
la prudence luy fuggerera*, & change ces autres
qui font exprés & font la decifion de tout noftre different, *fatisfactions falutaires & conue-*

I

nables selon la qualité des crimes & la faculté des Penitents, en ceux-cy , *peines proportionnées à la grandeur des péchez;* par où il a voulu malicieusement persuader , en cachant l'intention du Concile, par vn rapport tronqué & frauduleux de son enseignement, que pour toute sorte de pechez mortels commis apres le baptesme, il eust bien desiré que les Prestres eussent ordonné vne penitence publique , ou du moins vne longue suspension de l'Eucharistie, seló la practique qu'il veut auoir esté ordinaire dedans l'Eglise , comme il le rebat des fois innombrables dedans son Liure. Si vous ne plaidez mieux la cause de vostre Maistre , M^r l'Aduocat , ou il faut que vous cherchiez des iuges aueugles & iniustes, ou que vous nous fassiez souuét mettre la main à la bourse pour payer les espices , parce qu'il sera indubitablement condamné aux despens, & vous blasmé de tout le monde , & condamné par les loix, & sur tout par sainct Augustin , d'auoir entrepris la defence d'vne cause si deplorée & si iniuste , & de n'auoir fondé la pluspart de vos iustifications pretenduës que sur vn manifeste desguisement des accusations que i'auois formées contre les erreurs d'vn Liure que vous ne sçauriez plus ignorer: mais que vous ne pouuez vous resoudre à retracter. Si bien que i'aurois pû presque par tout vous faire ce reproche que le mesme sainct Augustin faisoit à ce ieune & insolent Pelagien , *qu'en gens d'honneur*

& fort veritables vous auez quasi par tout re-tranché mes paroles, & en auez mis à leur place d'autres que vous auez imaginées; & qu'il ne faut autre chose pour faire euanoüir vostre calomnie, que vous obliger à remettre de bonne foy ce qu'en effect i'ay escrit.

Tu vir hone-ftus & verax, abftulifti ver-ba quæ dixi, & dixifti quid ipfe fin-xifti .... red-de verba mea, & euanefcat calomnia tua. D Aug. lib. 4. contraIulian

CHAPITRE II.

Des iniuftes accufations & recrimi-nations.

Introduction.

ARTICLE I.

IE ne veux point parler icy du grand reproche que les nouueaux Docteurs me font dans leur Auant-propos, de ce que i'ay dit *Nice* pour *Nicée*, parlant du premier Concile Oecumeni-que; ce qu'ils exaggerent, comme vne des plus lourdes fautes & des plus fignalées ignorances que i'euffe pû commettre, tant en la Geogra-phie qu'en l'Hiftoire Ecclefiaftique, n'ayant pas fçeu diftinguer *Nice* de Thrace où fut tenu le Conciliabule des Arriens, de *Nicée* de Bithinie, où fe celebra le premier Concile Oecumenique, felon la remarque qu'en fait Monfieur le Car-dinal Du Perron, qu'ils alleguent pour me conuaincre.

A dire la verité ils forment cette accusation d'vne bile si eschauffée, que ie ne doute point que s'ils estoient mes iuges, ils ne me fissent bien tost mon procez, & pour vn si estrange attentat, ne me condamnassent à la mesme peine, que les Israëlites firent autrefois souffrir à ces paures miserables qui auoient prononcé Ci'bolet, au lieu de Schibolet: ou pour me traitter plus canoniquement & Ecclesiastiquement, ne m'ordonassent de passer par toutes les rigueurs de la penitence publique & solemnelle des Anciens, ou du moins (par grande Indulgence, eu esgard à mon caractere) à vne suspension de la celebration des Mysteres toute ma vie, & vne priuation de la Communion mesme Laïque, sinon (pour vne derniere grace) à l'article de la mort.

Certainement ie rougis, & pour eux, & pour moy: Pour eux d'vne si pitoyable foiblesse: pour moy de la confusion où ie me trouue, d'auoir à faire, non pas à des Docteurs & à des Maistres, comme ie me l'estois persuadé, mais à de chetifs Grimmelins & de miserables broüillons & chiquaneurs, qui forment des procez sur le retranchement d'vne lettre; qui a pû s'eclipser sans ignorance & sans malice (comme en effet cela ne faisoit rien du tout aux subiects dont nous disputions, de la Penitence & de la Communion de l'Eucharistie) soit de ma plume en composant, soit de celle du Copiste en transcri-

 uant, soit de l'Imprimeur en imprimant : ce qui
eſt ſi facile à faire, que celuy qui a traduit en
françois l'Epitome de Baronius , en cent fois
qu'il parle du premier Concile Æcumenique, le
nomme quatre-vingts fois Concile de *Nice*, &
non pas de *Nicée*: Dequoy perſonne ne s'eſt encore aduiſé de le reprimender, comme ces gráds
Docteurs, ou pour parler plus veritablement ces
petits Grimmelins ont oſé faire vn Eueſque,
comme s'il auoit commis vn' inſigne Hereſie,
& trahi laſchement la cauſe de l'Egliſe, en vne
choſe qui ne la touche ny de prez ny de loing.
Le Lecteur iugera par là, & de l'indignité de leur
paſſion, & de la fermeté de la doctrine de mon
Liure, qui ſe trouue à l'eſpreuue de leur malice;
puis qu'apres auoir eſté plus de huict mois à
l'eſplucher, ils ont eſté conſtraincts pour y trouuer à mordre, de poinctiller ſur le retranchement d'vne lettre, que i'aduoüe m'eſtre eſchap-
pée par meſgarde dans la chaleur de la compo-
ſition ; auſſi bien que lors, que pour donner
exemple de la proportion Aritmetique, i'ay mis
de 6. à 12. & de 12. à 24. au lieu de 6. à 6. & de
12. à 12. ce qu'ils n'ont pas manqué de releuer, &
de me le reprocher auec beaucoup de vehemence en deux endroicts differents, dans leur auant-
propos, & dans le corps de leur Libelle.

V oila vn adueu que ie ne rougis point de dó-
ner à la verité, ie ne ſçay ſi le ſieur Arnauld, &
ſes autres Confreres, Autheurs de tant de mau-

uais Liures, qu'ils ont **publiez**, pour semer leur mauuaise doctrine, auront assez d'humilité, pour retracter toutes les propositions temeraires, erronées, & scandaleuses, dont on les conuainc tous les iours, & que i'ay particulierement remarquées dans le Liure de la Frequente Communion. Si mon exemple n'est assez puissante pour les y conuier, celuy de sainct Augustin, qu'ils nomment leur Maistre, les y deuroit obliger, qui a paru, & si exact, & si humble aux corrections & retractions de ses Ouurages; Et afin de les aider à esloigner la mauuaise honte, qui les retien de donner gloire à la verité, en condamnant les erreurs par lesquels ils l'ont combattuë, ie leur proposeray cette belle sentence de S. Cyprian que sainct Augustin honoroit tant, *que nous ne sommes pas vaincus, lors- qu'on nous propose choses meilleures pour embrasser; Mais que nous nous instruisons à quitter les mauuai- ses.* Venons aux accusations particulieres qu'ils ont couchées dans le corps de leur Liure.

Non vinci- mus, quando ostērūtur no- bis meliora, sed instrui- mur. D. Cy- prian. Epist. 71.

I. Accusation dans le corps du Libelle.

ARTICLE II.

CEtte accusation est opposée à celle que ie viens de rapporter de leur Auant-propos; là ils me font mon Procez, pour auoir voulu estropier le premier Concile œcumenique, en

retranchant vn E. qui a peu efchapper fans deffein ou de ma plume, ou de celle du Copifte, ou
de la forme de l'Imprimeur , & d'auoir efcrit
Concile de *Nice*, au lieu de *Nicée*.

Icy ils me chiquannent fur l'Addition d'vne
S. qui s'eft pû faire par les mefmes voyes, fans
que i'en aye pû tirer aucun auantage pour le
fujet dont il s'agiffoit de la traduction des paffages de fainct Auguftin, & me veulent faire paf-
fer pour ignorant en grammaire, & pour *eftran-
ger*, & *barbare* en noftre langue, parce qu'ils ont
trouué que i'auois efcrit d'vne foy, & d'vne ef-
perance *bonnes*, au lieu de *bonne*.

Ie ne fçay fi le Lecteur pourra remarquer ces
pointilleries fans eftre touché tout enfemble, &
de compaffion d'vne fi pitoyable imbecillité, &
d'indignation d'vne fi noire malice de ces reformateurs, lefquels ayant l'efprit rempli d'vn fiel
tres-amer, & d'vn venin d'afpic, trauaillent par
leurs plumes , à le refpandre de toutes parts,
à tondre fur vn œuf, & à mordre fur vne lettre
d'vn gros Volume , compofé de fix vingt
fueilles.

S'ils fe monftrent par tout auffi diligens en
l'Examen de mes Ouurages, ie voy bien qu'ils
me releueront de la peine d'en faire les *Errata*,
parce qu'ils s'en chargeront eux-mefmes pour
m'en foulager : c'eft toufiours quelque chofe, &
ie ne deuois pas me promettre ces bons offices
de perfonnes qui font affez paroiftre ne me

vouloir pas beaucoup de bien ; pardon Lecteur, si ie t'entretiens des choses si petites , ie suis excusable, puis que n'ayant à faire qu'à de petits esprits, il me seroit bien mal-aisé de produire d'eux choses grandes.

Seconde Accusation.

ARTICLE III.

POur iustifier cette prodigieuse & vniuerselle ignorance , dont nos Inuisibles m'accusent, ils s'efforcent de persuader que ie n'ay composé les Ouurages dans lesquels i'ay combattu les erreurs du Liure de la Frequente Communion , que des Memoires qui m'ont esté fournis par les Peres Iesuites. Et il n'y a presque page en ce libelle où cette accusation ne soit repetée, voire mesme trois fois en vne demie page , tousiours si hors de propos , & de toute apparence, que i'ose m'asseurer que leurs plus fauorables Lecteurs en demeureront rebutés , & mal satisfaits.

Response au Liure de Mosieur l'Euesque de L'auaur. p. 165. 166.

C'est pour vanger leur Confrere le sieur Arnauld , de ce que ie l'ay accusé, sur le tesmoignage mesme de ses plus affidés , & sur les propres Lettres du feu Abbé de sainct Cyran , qui ont esté veuës & maniées par des Religieux de tres-grande vertu, & tres-dignes de croyance, de n'auoir fait que prester son nom aux Memoires, &

aux

aux recueils de cet Abbé, qui font le corps du
Liure de la Frequente Communion, & de celuy de la Tradition de l'Eglife, polis en des endroits par quelques figures d'vne Rhetorique
Magiftrale, & ornés en d'autres d'iniures, &
d'inuectiues tres-atroces contre vn tres-pieux &
vertueux Religieux, qu'on fait l'Autheur d'vn
efcrit, qui a ferui de fujet à eftaller fans ordre,
& fans iugement, tant de pieces defcoufuës,
comme celles dont eft compofé le Liure de la
Frequente Communion. A quoy ie ne doute
point que le fieur Arnauld, n'ayt la meilleure
part entre fes Confreres, comme il fe peut iuger
par la moderation & charité Chreftienne qu'il
a fait paroiftre en fon aduertiffement, en l'Epiftre à la Reyne du 2. Tome *de la Tradition de l'E-
glife*, & autres efcrits qui ont paru en fuitte fous
fon nom.

En reuanche ils m'accufent que ie n'ay remply
mes ouurages que des memoires qui m'ont efté
mis entre les mains par les Iefuites, dont i'ay
fuiui (à ce qu'ils veulét faire croire) auffi bien les
paffions & le. interefts, que les fentimens & la
doctrine.

Ceux qui fçauront qu'il y a plus de trente ans
que i'exerce ma plume à combattre les Herefies,
& qu'à l'aage de 25. ans i'ay eu en tefte le plus
redoutable des Miniftres, le plus delie, & le plus
adroit à cacher fes erreurs ; & neantmoins que
Dieu m'a fait la grace de les mettre fi à nud, & de

K

les cõbattre auec tant d'auantage pour l'Eglife,
que ie luy ay fermé la bouche pour iamais ; fans
qu'on ait foupçonné qu'aucun m'ait mis les armes à la main, & m'ait fourni les memoires, &
les moyens dont ie me fuis ferui à le conuaincre
de fes erreurs ; ceux-là dif-je, fe perfuaderont
mal-aisément, qu'aprés trente-ans d'experience, i'aye eu befoin de fecours, & de Memoires,
pour defcouurir les fautes, & les erreurs du Liure de la Frequente Communion, qui font fi
groffieres, & fi vifibles, qu'il ne faut que des
yeux pour les apperceuoir, & qu'en effect, ie
n'ay fait que ranger par ordre, & les tirer de la
confufion où elles fe trouuoient dans ce Liure,
pour eftre plus diftinctement remarquées : ce
que i'ay fait retiré la plus grande partie du
temps dedans ma folitude, où la plus familiere
communication que i'aye eüe, a efté auec les
fleurs de mon parterre, les arbres de mon iardin,
& les allées de mon parc, ou i'ay quelquesfois
delaffé mon efprit par quelques promenades
folitaires.

Troifiefme Accufation.

ARTICLE IV.

A Cette accufation generale, ils en adiou-
ftent vne autre particuliere, qui eft que
ie me fuis fouuent rencontré dans les mefmes
penfées auec le Pere Petau.

I'excufe cette foibleffe en de ieunes gens, qu'il y a peu de temps qui fe meflent d'efcrire, & de compofer des Liures.

Ceux qui fe font vn peu plus exercés en ce meftier, fçauent, qu'on fe peut aifément rencontrer en de mefmes penfées, fans concert, ny communication, des vns auec les autres, comme deux perfonnes, qui fans en auoir conferé enfemble, marchans par vn mefme chemin, fe rencontrent au mefme but, & terme de leur voyage.

Nous fuppofons, & ne faifons pas les principes des chofes, la force de nos efprits, & leur adreffe confiftent, à fçauoir bien tirer les conclufions de ces principes.

Peu de principes fuffifent pour en tirer des conclufions innombrables: comme peu de lettres en l'Imprimerie font fuffifantes, pour compofer vn monde de Volumes, qui rempliffent les Boutiques des Libraires, & les Bibliothèques des Sçauants, pourueu qu'on ait l'induftrie de les fçauoir diuerfement affembler.

Et comme il peut arriuer, que les Imprimeurs fe rencontrent en la compofition des mefmes mots, fans en auoir communiqué enfemble, parce que l'affemblage des mefmes lettres s'eft fait de mefme forte; de mefme il n'eft aucunement eftrange, que deux efprits trauaillans fur vn mefme fujet, & raifonnans fur les mefmes principes en tirent fouuent de mefmes

conclusions, & en forment de semblables
pensées, quoy qu'il n'y ait aucune intelligence mutuelle entr'eux sur ce sujet, ny aucun dessein de s'imiter l'vn l'autre : ce qui faisoit autre-
fois prononcer à vn Ancien cette imprecation,
côtre ceux qui l'auoiét precedé, de luy auoir des-
robé ses pensées, parce qu'ils l'auoient deuancé,
& auoient eu les mesmes conceptions qui luy
estoient tombées dans l'esprit, sans les auoir
empruntées d'eux, ny formées à leur imitation.

Dij male per-
dant, mea qui
surripuere
mihi.

Ce qui a peu arriuer plus facilement en l'E-
xamen du Liure de la Frequente Communion,
qu'en aucun autre, parce que les erreurs de ce
Liure, estant si palpables, qu'elles sautent aux
yeux, & les mauuaises consequences se descouurant si palpablemét dàs les principes que l'Autheur y a fait couler, qu'il ne faut qu'vn peu de
sés cômun pour les remarquer, ce n'est pas merueille, si le Pere Petau, & moy sás estre doüés d'v-
ne force d'esprit trop singuliere, & de lumieres
extraordinaires (ie parle pour ce qui me regarde
en particulier) nous auós fait la descouuerte des
mesmes erreurs, & fait cónoistre les dágereuses
consequences qui se peuuent tirer d'vne doctrine si pernicieuse, sans que i'aye eu communication de ses pensées ny de son trauail. Ce que re-
connoistront aisément tous ceux, que l'enuie,
& le desespoir n'auront point aueuglés (comme nos desolés Censeurs) par la diuerse disposition de nos Ouurages, & les differentes ex-

preſſions dont nous nous ſommes ſeruis pour combattre les meſmes erreurs d'vn Liure, que nous auions entrepris tous deux de refuter, mais luy long-temps auparauant que i'en euſſe eu la penſée, & en euſſe formé le deſſein.

Apres tout, la reputation de ce Pere en toute ſorte de ſcience, auſſi bien que de vertus & de pieté, eſtant ſi haute & ſi eſclattante, ie ne me defendray iamais de l'auoir voulu imiter, auſſi bien en ſes penſées qu'en ſes actions; tirant autant d'auantage de ce dernier, que de gloire de l'autre, & autant de l'vn & de l'autre que l'autheur du Liure de la Frequéte Cómunion, & ſes Diſciples demeurent chargez d'opprobre & de cófuſion:Le premier d'auoir par vne ſimple traduction du Latin en François tiré de Marc Anthoine de Dominis (Archeueſque de Spalate, Heretique & ennemy declaré de l'Egliſe, cenſuré par la Faculté de Theologie, & frappé des Anathemes de Rome) les principales maximes dont il a appuyé ſa doctrine touchant la Penitence, comme on l'a fait voir depuis peu, par vne exacte confrontation des lieux tirez de cét Heretique, & des Verſions Françoiſes inſerées dans le Liure de la Frequente Communion.

Les Diſciples d'auoir en ce dernier Libelle Anonyme qu'ils ont fait publier de *deux chefs de l'Egliſe n'en faiſant qu'vn* , pillé preſque toutes les preuues & authoritez dont ils ont taſché d'appuyer ce Phantoſme du meſme Au-

theur ennemy iuré du Pape, & de la Monarchie
de l'Eglise, comme i'espere le faire toucher au
doigt & à l'œil dans ce dernier Ouurage, où ie
suis presentement occupé contre cét infame Libelle, qui cache le nom de ses Autheurs, pour ne
descouurir leur honte.

Quatriesme Accusation.

ARTICLE V.

CElle-cy est malicieuse, par laquelle ils s'efforcent de persuader, que ie veux reduire
toutes les manieres de traitter les matieres de la
Religion, à celle des Syllogismes & arguments
en forme, qui *est*, disent-ils, *le stile de la Classe,
mais non pas du grand monde, & encore moins
celuy de l'Eglise, comme il paroist par les ouurages
des Saincts Peres, qui ne s'en sont pas mesme
seruis contre les Heretiques & les Payens; contre
lesquels il semble plus vtile.*

Il est permis de tout dire, à ceux qui (comme
parle sainct Augustin) font coustume de ne
dire iamais la verité: & qui ne mettent point le
mensonge & l'imposture entre les crimes.

Ie persuade tant que ie puis, & m'esforce de
le practiquer par tout, de ne rien auancer sans
iugement, & de ne point faire de discours esga-
rez, & qui renuersent les principes du bon sens,
& du raisonnement: ce qu'on ne pourroit pas

Tenes con-
suetudinem
tuam, vt qui
contra veri-
tatem agis,
nihil verum
loquaris. D.
Aug. lib. 1
opus. Imp.
cap. 6.

fans faire iniure aux Peres de l'Eglife, leur imputer d'auoir fait, quand ils ont difputé contre les
Heretiques & les Payens, & qu'ils ont traitté les
Myfteres de la Religion, quoy que leurs raifonnements n'ayent pas efté renfermez dans les
formes des Syllogifmes & des Enthimemes;
qui n'eft pas auffi ce que i'ay repris en l'autheur
du liure de la Frequente Communion; parce
que ie me ferois condáné moy-mefme, qui n'ay
pas difpofé tous mes difcours en forme d'arguments, comme la feule lecture en fait foy : mais
bien l'ay-je taxé d'auoir ietté de tres-mauuais
principes dans fon Liure, & fait fouuent de tres-
fauffes inductions, de ce qui auoit efté bien
eftably dans les Autheurs Catholiques qu'il
allegue, pour appuyer fes erreurs ; ainfi que ie
l'ay fait voir particulierement aux confequences qu'il tiroit de quelqués ouuertures du Concile de Trente, pour monftrer qu'il auoit extremement fouhaitté le reftabliffement de la Penitence publique : ce que pour defcouurir, & l'en
conuaincre, i'ay bien voulu rapporter ce qu'il
auoit enueloppé dans la confufion & l'embar-
ras de fes longs difcours, à vne forme plus ferrée
& plus reglée, & à laquelle les plus opiniaftres
fouuent n'ont pas le front de refifter.

Voila fans defguifement ma veritable accufation ; que fi nos habiles Cenfeurs croyent que
ce foit *le ftile de la Claffe, & non pas du grand
monde*, de difcourir auec iugement, & de ne

pas tirer des confequences à perte de veüe, &
contre les regles de la raifon humaine, dés à cette heure ic prononce auec le Fils de Dieu *que
mon regne n'eft pas de ce monde là*; & auec Da-
uid que i'ayme mieux eftre le plus petit Difciple
de l'Efchole de la Verité, qui n'eft point feparée
de la raifon; c'eft à dire, de l'Efchole de Dieu qui
eft le premier Autheur de la raifon, & la verité
mefme, que le plus grand Docteur & le plus
habile Maiftre de celle de la vanité, qui met toute fa gloire à dire beaucoup de chofes, quoy que
ce foit toufiours fans raifon & fans iugement.

Cinquiefme Accufation.

ARTICLE VI.

CElle-cy eft vne pure & tres foible recrimination: i'auois chargé en mon Liure l'autheur du Liure de la Fréquente Communion de
beaucoup d'ignorances en Logique, & de
quantité de defauts tres vifibles de iugement,
aux raifonnements qu'il auoit voulu faire, pour
monftrer par les ouuertures pretenduës du
Concile de Trente, qu'il auoit extremem:ent
defiré le reftabliffemét de la penitéce publique,
fes Difciples pour l'en iuftifier, me font le mefme reproche, & trauaillent auec grand effort
à faire voir, que ie me fuis fouuét mefpris moy-
mefme en l'vfage de cét art, & aux lieux mefmes

où i'auois

où i'auois accusé l'autheur du Liure de la Frequente Communion de s'y estre esgaré. Pour
vn exemple tres plausible, ils produisent ce que
i'ay dit contre vn des Syllogismes, auquel i'a-
uois reduit le raisonnement de ce grand homme. *Qu'il estoit vicieux, parce qu'il estoit composé*
de pures affirmatiues, qui ne conclud rien, selon
les Regles de la Dialectique, qu'on enseigne aux
petits Escholiers de trois sepmaines.

Adioustez, Lecteur, ces quatre petits mots *en*
la seconde figure, que i'ay teus expressement,
pour tirer par la plume de nos nouueaux Philosophes, vne nouuelle preuue de leur grande experience en Logique, & vous iugerez si ce sont
eux, ou moy, qui se trompent, & qui ne sçauent
pas les premiers Elements & les Regles de cette
science, estant certain par la simple lecture, que
le Syllogisme que ie blasme de mal conclure,
parce qu'il est *de pures affirmatiues,* est en la seconde figure, aussi bien que ceux que i'ay adioustez sur le mesme modelle pour en faire voir
l'absurdité, & que cette Regle est vniuersellement veritable, *Qu'en la seconde figure vn Syl-*
logisme des pures affirmatiues ne conclud rien du
tout, selon les Regles de la Dialectique qu'on en-
seigne aux petits Escholiers de trois sepmaines.
Puis qu'ils ne sont pas encore Maistres en cette
science, ils ne trouueront pas mauuais que nous
les r'enuoyons à la Grammaire, & au bon Des-
pautaire, qui leur dira *qu'vn Orateur supprime*

Supprimitæ
Orator, qu
Rusticus e-
dit ineptè.

*addroictement, ce qu'vn Rustique exprime inepte-
ment.*

Il est vray que l'esprit leur reuient vn peu dedans le corps de leur Ouurage, & qu'ils recon-
noissent que la regle que i'ay posée estoit veritab-
ble *que l'on ne conclud rien de pures affirmatiues en la
2. figure*, telle qu'estoit celle du syllogisme que ie
blasmois, dont le terme moyen se trouuoit attribué aux deux premieres propositions, qui est
la veritable disposition de la 2. figure, comme
sçauent les Logiciens, non pas de trois sepmaines, mais de trois iours. Voila le sillogis-
me.

Le Concile exhorte les Prestres d'imposer
vne penitence conuenable.

Or la suspension de l'Eucharistie est vne penitence conuenable.

Donc il a exhorté les Prestres, d'Imposer la
suspension de l'Eucharistie.

Mais pour iustifier le raisonnement de leur
Maistre, ils maintiennent que ce syllogisme, qui
paroist de la seconde figure, est neantmoins de
la premiere (Ils veulent dire qu'il s'y peut reduire, qui sont choses bien differentes, à ceux qui
sont vn peu exacts, & intelligens en cét art) par
la transposition des mots, comme ils font en
cette sorte.

Imposer des penitences conuenables, & pro-
portionnez, est vne chose à laquelle le Concile
de Trente exhorte les Prestres.

Ordonner la suspension de l'Eucharistie, c'est imposer vne penitence conuenable , & proportionnée.

Donc ordonner la suspension de l'Eucharistie, est vne chose à laquelle le Concile de Trente exhorte les Prestres.

Mais ils ne se prennent pas garde, qu'ils tombent en scylla, pour euiter charibde, & que pour defendre vn syllogisme de pures affirmatiues en la seconde figure, qui est tout à fait vicieux, & ne conclud rien , ils en font vn de propositions particulieres en la premiere figure, qui n'est pas moins vicieux, & conclud aussi mal, comme on enseigne encore *aux Logiciens de trois semaines.*

Pour iustifier ceci. Ie demande à ces grands Philosophes (qui deuroient auoir ces regles plus presentes à la memoire, parce qu'ils sortent freschement de les enseigner,) s'ils prennent la premiere proposition de leur syllogisme, qui est indefinie , vniuersellement , ou particulierement; si le premier, voicy comme cette proposition doit estre couchée. *Imposer toute sorte de penitences conuenables & proportionnées, est vne chose à laquelle le Concile de Trente exhorte les Prestres.* Mais exprimée de la façon, elle est absolument fausse, & insoustenable, par les Disciples mesme de sainct Cyran, s'ils ne veulent se departir de la doctrine de son Liure de la Frequente Communion.

Car premierement (selon les maximes de ce
grand homme & excellent antiquaire) la penitence publique, & solemnelle qui s'impofoit
au Siecle de Tertullian, & de fainct Cyprian,
qui auoit fes degrez d'humiliations, auant que
les penitens fuffent reftablis à la Communion,
& qui ne s'impofoit qu'vne fois en la vie, & en
laquelle tant luy que le fieur Arnauld fon Difciple affuiettiffent tous les pechez mortels commis aprés le baptefme, eftoit vne penitence conuenable & proportionnée, en ce temps, &
neantmoins ie les défie de me monftrer que le
Concile de Trente ait exhorté les Preftres à
impofer de telles Penitences pour chaque peché mortel commis aprés le Baptefme, & le feu
fieur de fainct Cyran protefte hautement qu'ils
n'a iamais eu l'intention de perfuader le reftabliffement de cette ancienne & rigoureufe
Preface pag. penitence, & qu'il fe contente *qu'on faffe en fe-
cret ce que lors fe faifoit publiquement*, & qu'il n'a retenu de toute cette ancienne forme de la penitence publique des Anciens, *que le feul retranchement de l'Autel & la feule fufpenfion de l'Eucha-
Epiftre à la
Reyne p. 17. riftie*. Ce que le fieur Arnauld ratifie en plufieurs
endroits de fes Efcrits, 1. en l'Epiftre qu'il a adref-
sé à la Reyne, *i'ay (dit-il) declaré auffi, Madame,
en termes formels, que i'eftois tres-efloigné de vouloir
obliger les pecheurs à la penitence publique, ny pour
les pechez fecrets puis qu'il y a long-temps que l'Eglife
ne les y oblige plus, ny mefme pour les pechez publics.*

2. en la page 27. & 28. de la mesme Epistre. *I'ay protesté en termes clairs que ie ne pensois nullement à renouueller toutes les ceremonies exterieures, & les coustumes, quoy que tres-sainctes, dont ils se seruoient pour faire entrer plus aisément les ames dans l'estat qu'ils iugeoient necessaire pour Communier vtilement.* Ie laisse le lieu de la Preface du Liure de la Tradition de l'Eglise p. 101. & 102. qui contient vne mesme protestation, aussi bien que celuy de son aduertissement, où il asseure *qu'il considere la pensée de restablir la penitence publique, comme esgalement indiscrette, & presomptueuse.*

Cette proposition donc ne peut estre prise vniuersellement, *qu'imposer toute sorte de penitences conuenables, & proportionnées sont vne chose à laquelle le Concile exhorte les Prestres* autrement sainct Cyran, & le sieur Arnauld, seroient blasmables, de ne pas s'efforcer à suiure l'intention du Concile, & à faire ce à quoy *le Concile exhorte tous les Prestres,* qui est d'imposer pour toute sorte de pechez mortels commis apres le Baptesme cette rigoureuse & solemnelle penitence des Anciens, que le grand Cardinal Gropperus, cité par le sieur Arnauld, au lieu que ie viens de marquer de la Preface, *a iugé auec raison si necessaire pour arrester les scandales horribles des derniers siecles,* & que ces saincts Peres de la primitiue Eglise, iugeoient tres-conuenables, & proportionnées aux crimes des pecheurs.

Par consequent on ne peut prendre cette proposition qu'auec reftriction, & à l'efgard de quelques penitences conuenables, & proportionnées, & la conceuoir, en ces termes, qui la rendent particuliere.

Ordonner quelques particulieres penitences conuenables, & proportionnées, mais non pas toute forte, eft chofe à quoy le Concile de Trente exhorte les Preftres.

Or ordonner la fufpenfion de l'Euchariftie, c'eft impofer vne Penitence particuliere conuenable & proportionnée.

Donc ordonner la fufpenfion de l'Euchariftie eft vne chofe à laquelle le Concile de Trente exhorte les Preftres.

Ce Raifonnement de la premiere figure eft-il iufte? N'eft-il pas de propofitions particulieres contre les loix de cette figure que fçauent *les Efcholiers de trois iours?* trouuera-on en aucun mode direct de cette figure (auquel il faut neceffairement que ce Syllogifme fe reduife) où la Maieure & premiere propofition foit particuliere? ne pourray-ie pas faire la mefme reduction à la premiere figure du Syllogifme que i'auois propofé en la 2. fur le modelle de celuy du feu Abbé de fainct Cyran, & raifonner comme font les nos nouueaux Philofophes.

Impofer quelques penitences conuenables & proportionnées, eft vne chofe à quoy le Concile de Trente exhorte les Preftres.

Ordonner les Gefnes & les Galeres eft im-

poser vne penitence conuenable & proportionnée.

Donc imposer les Gesnes & les Galeres est
vne chose à quoy le Concile de Trente exhorte
les Prestres.   Ou bien.

Quelque Animal est Cheual.
Tout Homme est Animal.
Donc tout Homme est Cheual.

Ces raisonnemens pretendus de la premiere
figure sont-ils plus iustes & plus concluans que
ceux que i'auois disposez en la 2. sur le modelle
du Syllogisme informe & vicieux du feu Abbé
de sainct Cyran? Si la Societé a fait consulter le
bon Curé des champs, qui a encore les idées
toutes fresches de ces subtilitez de Logique,
pour instruire cette chiquane, où ils croyent
qu'il a fait des merueilles & des efforts d'esprit
dignes d'admiration; ils peuuent bien renuoyer
vn courrier en diligence, pour receuoir de luy
quelques nouuelles lumieres, qui les tire pour
vne seconde fois d'vn mauuais pas, où ils se font
eux-mesmes engagez.

Il est vray que pour se mettre à couuert, &
& iustifier le Syllogisme que i'auois accusé d'e-
stre vicieux, & de mal conclure, ils en forment
quelques autres sur ce mesme modelle, & dont
pourtant la conclusion ne peut pas estre repro-
chée, sçauoir ceux-cy.

La Loy de Dieu nous oblige d'honorer nos
Roys.

Responce au
liure de Mô-
sieur l'Eues-
que de la
Vaur. p. 146.

Louys XIIII. est nostre Roy.

Donc la Loy de Dieu nous oblige d'honorer Louys XIIII.

Item.

L'Euangile nous oblige à vne vie continente, humble, abiecte & desgagée de tous les ambarras du monde, pour ne vacquer qu'au seruice de Iesus-Christ.

Or la vie Religieuse est vne vie continente pauure, &c.

Donc l'Euangile nous exhorte à la vie Religieuse.

Mais tout cecy n'est qu'illusion pour esblouïr les simples, sans iugement & sans solidité.

Ie dis donc, qu'il y a grande difference entre ces Syllogismes, & celuy que i'ay reproché au feu Abbé de sainct Cyran, & que ie viens de rapporter,

Le Concile exhorte les Prestres d'imposer vne penitence conuenable.

La suspension de l'Eucharistie est vne penitence conuenable.

Donc le Concile a exhorté les Prestres d'imposer la suspension de l'Eucharistie.

Car ce Syllogisme est vicieux tout à fait, & ne peut conclurre ny en la 2. figure, comme il auoit esté proposé, parce qu'il est de pures affirmatiues contre les Regles de cette figure, (desquelles on ne s'est iamais desié, s'accordant parfaictement auec la lumiere de la raison) pour

parler

parler auec nos eloquents Philosophes) ny reduit à la premiere comme ils ont tasché de faire,
parce que la maieure ou premiere proposition,
sans vne fausseté manifeste ne peut estre prise
que comme particuliere, qui est vn vice en cette
figure, comme ie le viens de remarquer : où les
deux autres Syllogismes qu'ils mettent en
auant, disposés en la 2. figure, concluent à la verité, non en vertu de la forme, mais de la matiere. Ce qui paroist en ce qu'ils peuuent estre re-
duits à vn des modes directs de la premiere figure, & conclurre parfaictement selon ses Regles, parce que les deux propositions maieures
sont vniuersellement veritables, & peuuent
estre placées comme vniuerselles.

Honorer nos Roys est chose que la Loy de
Dieu nous commande. Cela est vniuersellement veritable.

Honorer Louys XIV. est honorer nostre
Roy.

Donc, &c.

Ou pour le proposer plus clairement.

Tous nos Roys legitimes doiuent estre ho-
norez par la Loy de Dieu.

Louys XIV. est nostre Roy legitime.

Donc il doit estre honoré par la Loy de Dieu.

Il en faut dire autant de l'autre Syllogisme, &
le reduire de mesme sorte.

Toute vie continente, pauure, humble, abie-
&c, &c. est conseillée par le Fils de Dieu, & il

nous y exhorte en l'Euangile.

La vie Religieuse est telle.

Donc, &c.

Ces Syllogismes sont bons & tres-bien concluans, & en vertu de la matiere, & en vertu de la forme ; parce qu'ils sont en vn des modes parfaicts de la premiere figure. Le dernier au premier mode (que les Logiciens par leurs termes artificiels & barbares nomment *Barbara*) ou toutes les propositions doiuent estre vniuerselles & affirmatiues. Le premier au 3. que les mesmes Logiciens par l'inuention de leurs termes appellent *Darij*, où la premiere proposition estant vniuerselle affirmatiue, les deux autres affirment particulierement, comme il paroist clairement en la disposition que nous en auons faite : ce qui ne se iustifiera point au Syllogisme que i'ay blasmé comme vicieux dans le raisonnement du sieur de sainct Cyran, estant reduit à la premiere figure, ainsi que leurs Disciples se sont efforcez de le faire : mais sans autre succez, que de descouurir la vanité de leurs subtilitez, & donner à connoistre à tout le monde, comme parle sainct Augustin, *Que dialectiquement ils ne disent rien, & que tous ces gros mots de Mode, de Figure, de Dictum de omni, Dictum de nullo, à dicto secundum quid, ad dictum simpliciter, n'aboutissent qu'à persuader s'ils peuuent à ceux qui ne sont pas si sçauans, & si exercez en cét art, qu'ils sont, ce qu'ils ne sont pas en effect.*

Certainement s'ils ne font eftendus en ces difcours, que pour me rauir (comme ils l'affeurent en quelque endroict de leur Libelle par vne gaufferie affez fade) ils ont en quelque façon reüfi:mais non entierement. Car il eft vray que i'ay efté rauy, finon, au moins furpris par la nouueauté de leur fuffifance, en vne fcience qu'ils font vanité de mefprifer: mais i'ay eu auffi beaucoup de pitié de leur imbecillité, que ie ne me figurois pas encore fi grande, & pour leur bouffonnerie(afin de parler encore auec S. Auguftin)ie l'ay confideré comme le ris des phrenetiques,qui donne à leurs amis plus de fubiect de larmes que de reioüiffance.

Non plane rifum fed fletum potius intelligentibus vefter cõmouet rifus :ficu métibus amicorum fanorũ, fletum commouet rifus phreneticorum.Id. lib. 4. cõtra Iulian.

Sixiefme Accufation.

ARTICLE VII.

IE ne fuis pas feulement ignorant en Logique:mais i'ay oublié toute ma Theologie, & fuis deuenu Heretique, pour auoir enfeigné auec les plus fçauants Theologiens, & les plus grands Maiftres de l'Efchole, que Dieu eftoit dans les efpaces imaginaires, que nous conceuons au de là des Cieux, comme il eftoit dans l'efpace où eftoit le monde,auant qu'il fuft creé.

Mais à dire la verité,ie ne m'eftonne pas fi ces braues Cenfeurs qui ont paru,& qui ont donné tant de preuues de leur fuffifance en Logique,

& en Philosophie nous en dōnent de si magnifiques de leur profond sçauoir en Theologie, ne pouuant pas conceuoir les doctrines les plus communes, & tenant pour *vne abſurdité ridicule que Dieu ſoit dans ce qui n'eſt que poſſible comme dans vn monde poſſible* (ce ſont leurs termes) ou dans les eſpaces imaginaires (ce ſont les termes plus ordinaires de l'Eſchole) ce qui eſt neantmoins cōmunement enſeigné dans l'Eſchole, & ſouſtenu par de tres-grands Theologiens, & des plus celebres ; & prenant pour vne *abſurdité inoüye que Dieu puiſſe eſtre hors de ſoy* , c'eſt à dire , dans les choſes qu'il a produites au dehors. Ce qui n'eſt pas ſeulement vn enſeignement de Theologie, mais vn article de foy, que ſainct Auguſtin enſeigne ſi ſubtilement dans ſes ſoliloques , quand il dit , *que la maniere de conceuoir l'immenſité de Dieu, eſt de ſe le repreſenter dans toutes choſes ſans y eſtre compris.* (Voila l'abſurdité inouyë) *& hors de toutes choſes ſans en eſtre exclus* ; c'eſt l'abſurdité ridicule de ces nouueaux Theologiens.

Septieſme Accuſation.

ARTICLE VIII.

IE ne ſuis pas l'ordre des pages de ce Liure, parce que nos Cenſeurs n'ont pas ſuiuy celuy du mien, & que ie ne ſuis pas plus obligé à gar-

der l'ordre en la refutation d'vn Liure qui n'en
garde aucun, qu'ils l'eſtoient de s'y attacher en
vn, où il eſtoit fort eſtroictement obſerué. Ioint
que pour dire la verité, ie ne fais que courir de
l'œil ce Libelle, comme en effect il ne merite
pas que ie m'y arreſte dauantage, & que ie me
diſtraye ſi long temps d'autres meilleures &
plus importante occupations.

Cette 7. Accuſation eſt toute de feu & de
ſang, où ie ne ſuis pas ſimplement accuſé de
fauſſeté, ou d'ignorance, non plus que le Pere
Petau (auquel on me fait l'honneur de me
ioindre) mais auec vn ſtille de fer, & auec des
exaggerations preſſées, & vehemétes, & mis en
teſte de la reflexion, *de l'eſtrange calomnie que*
Monſieur l'Eueſque de la Vaur a empruntée du
Pere Petau, & qu'il a repetée en plus de cin-
quante endroicts de ſon Liure, ſans ſe mettre en
peine de la verifier en aucun, qui eſt que Mon-
ſieur Arnauld appelle la practique ordinaire de la
Penitence du nom d'Abus, de Deſordre, de Deſ-
reglement & de corruption de mœurs.

A voir ce grand feu, & qui iette de ſi eſpaiſ-
ſes fumées, pour obſcurcir & eſtouffer tout ce
que i'ay peu acquerir de reputation dans le mó-
de, & me faire paſſer non ſeulement pour vn
fauſſaire, mais pour vn calomniateur inſigne,
i'ay bien iugé que nos Apologiſtes n'auoient
pas encore leu mon ſecond Ouurage, conte-
nant la ſuitte des Examents de la doctrine de

leur Maiſtre, & de toute ſa Cabale, parce que s'ils
auoient leu ce que i'ay eſcrit ſur ce ſubieƈt au
dernier Examen, qui eſt celuy de leurs retraƈta-
tions, en la ſeƈtion qui ſelon l'ordre marqué en
la Table des Titres doit eſtre la ſixieſme, & particulierement en tous les Articles & Paragra-
phes du Chapitre 2. ils auroient reconnu, que
i'ay ſi clairemét & ſi inuinciblement prouué, &
par les maximes, & par les propres Textes du
Liure de la Frequente Communion, que ce
n'eſt pas le ſimple abus qui ſe meſlé dans la praƈtique ordinaire, mais la praƈtique meſme ordinaire de l'Egliſe, qui eſt accuſée & condamnée *d'Abus, de Deſordre, de Deſreglement &*
corruption des mœurs, Voire meſme, *de fauoriſer*
l'Impenitence generale de tous les Hommes, que
ie ne croy pas que toute la Societé des quaráte ſe
mettent en deuoir d'y reſpondre nettement &
ſans deſguiſer, ny qu'ils le puiſſent entreprédre,
ſans ſe couurir d'vne nouuelle confuſion. C'eſt
pourquoy pour rabbattre vn peu les fumées de
ces eſprits trop eſchauffez, ie n'ay qu'à les renuoyer à cét endroiƈt de mon ſecond Liure, où ie
m'aſſeure qu'ils trouueront les preuues qu'ils
demandér, & vn peu plus fortes qu'ils ne deſire-
roient, qui leur faiſant mettre de l'eau à leur vin,
les rendra à l'aduenir plus moderez, pour ne pas
demander auec inſtance ce qu'on leur a deſia
fourny au delà de ce qu'ils auroient ſouhaitté.
Le Leƈteur, s'il luy plaiſt prendra auſſi la peine

de voir les lieux que ie luy ay cottez, pour me
foulager de la peine de les tranfcrire icy, & pour
reconnoiftre que ie fuis bon payeur, & qu'au
lieu de demeurer en arrerages, ie paye mes
creanciers par auance.

Huictiefme Accufation.

ARTICLE VIII.

CEtte huictiefme accufation eft fort criminelle, c'eft difent ces rigides cenfeurs,
qu'en quatre diuers endroits de mon Liure, i'ay
eftrangement falfifié vne propofition du Liure
de la Frequente Communion, ayant mis vn
n'a pû, au lieu de ne *peut eftre*, c'eft à dire, que la
propofition du Liure de la Frequente Commu-
nion, eftant celle-cy, *que l'Eglife du temps de S.*
Cyprian ne peut eftre diuisée d'auec celle de ce temps,
que par les feuls Heretiques, & qu'elle ne peut eftre
fans facrilege i'ay couché celle-cy, *qu'elle n'a pû*
eftre diuisée que par les Heretiques.

Voila cette falfification *la plus eftrange qui fe*
puiffe imaginer, pour la iuftifier ils employent
contre moy deux exemples que i'auois produits
contre l'Autheur de la Frequente Communion,
pour faire voir la conformité de fon efprit, auec
celuy de nos Heretiques, en l'employ qu'il fait
des paffages, foit de l'Efcriture, foit des Peres.
Le premier eft du changement *du pain viuant en*

pain viuifiant, dans les Bibles Huguenottes, & l'autre *de la Communion du Corps* en *Communion au Corps,* dans du Moulin, qui alterent tellement les sens des propositions; que les vnes sont pures & Catholiques, qui establissent la verité du corps du Sauueur en l'Eucharistie, & sa reelle participation en ce Sacrement, *pain viuant, Communion du corps;* les autres fausses, & Heretiques, qui ne substituent que du pain en la place du Corps de Iesus-Christ, en ce Mystere, & vne participation imaginaire par la bouche de la foy, au lieu d'vne reelle, par celle du Corps.

C'est le mesme qu'ils disent arriuer au chāgemēt que i'ay fait de la proposition du Liure de la Frequente Cōmunion, quād i'ay dit que *l'Eglise de ce temps n'a pû estre diuisée de celle du temps de S. Cyprian que par les Heretiques, & sans sacrilege,* au lieu que dans le Liure de la Frequente Communion, il y a *que l'Eglise du temps de S. Cyprian ne peut estre diuisée de l'Eglise de ce temps que par les seuls Heretiques, & qu'elle ne le peut sans sacrilege :* parce qu'ils pretendent, que la premiere proposition suppose *que l'Eglise de ce temps a esté effectiuement diuisée de celle du temps de S. Cyprian,* ce qui n'a pû estre fait sans Heresie, & sans Sacrilege: Mais que la 2. qui est celle du Liure de la Frequente Communion, *que l'Eglise du temps de S. Cyprian ne peut estre diuisée de l'Eglise de ce temps, que par les seuls Heretiques, & qu'elle ne le peut*

astre

eſtre ſans Sacrilege ſoûtient formellement , que cette
diuiſion ne peut eſtre iamais faitte , & ainſi qu'elle
n'a point eſté faitte , & qu'il n'y auroit que des Heretiques , & des Sacrileges qui voudroient entreprendre de le faire.

Et moy ie maintiens premierement qu'il n'y
a autre difference entre ces deux propoſitions,
que celle qui ſe prend du paſsé, & de l'aduenir,
2. que toutes les deux ſont fauſſes, erronées, &
iniurieuſes à l'Egliſe.

Toutes les deux propoſitions ſont condi-
ſionnées, tant pour le paſsé, que pour le preſent;
que celuy qui auroit entrepris autre-fois, ou qui
entreprendroit à preſent de diuiſer l'Egliſe du
temps de ſainct Cyprian, de celle de ce temps,
auroit eſté, & ſeroit à preſent Heretique, & ſacrilege : Et c'eſt vne imagination ſans fondement de nos nouueaux Docteurs, & Maiſtres,
de dire, que cette propoſition, *l'Egliſe du temps
de ſainct Cyprian n'a pû eſtre diuiſée de celle de ce
temps que par les Heretiques, & ſans ſacrilege ſuppoſe qu'elle ait eſté effectiuement diuiſée,* & que
celle-cy, *l'Egliſe du temps de ſainct Cyprian ne peut
eſtre diuiſée de celle de ce temps que par les ſeuls Heretiques, & ſans Sacrilege, ſouſtient formellement,
que cette diuiſion ne puiſſe iamais eſtre faitte que par
des Heretiques, & ſacrileges.* Iamais on n'a conclud l'acte de la puiſſance, mais bien la puiſſance de l'acte; qu'vne choſe fuſt, parce qu'elle eſt
poſſible; mais qu'elle eſtoit poſſible, parce qu'el-

le est: Et ainſi c'eſt tres - mal ſuppoſer, de dire, de ce que l'Egliſe du temps de ſainct Cyprian a pû eſtre diuiſée de celle de ce temps, qu'elle ait eſté effectiuement diuiſée: toutes les deux propoſitions eſtant conditionnelles , elles ont toutes deux vn meſme ſens, & donnent lieu à de ſemblables conſequences; que comme ceux qui par le paſsé auroient voulu diuiſer l'Egliſe du temps de ſainct Cyprian de celle de ce temps, ſeroient Heretiques, & Sacrileges ; ainſi ceux qui entreprendroient auiourd'huy de faire la meſme diuiſion ſeroient Heretiques , & Sacrileges.

Et i'adiouſte que toutes les deux propoſitions en la matiere dont il s'agiſt , ſont telles que *ie les* ay qualifiées dans mon Liure, c'eſt à dire, non ſeulement fauſſes, mais *erronées, ſcandaleuſes, & tres-iniurieuſes à l'Egliſe.*

Car (comme i'ay remarqué expreſſément des propres paroles du Liure de la Frequente Communion , au lieu meſme d'où cette propoſition fourrée en parentheſe eſt extraitte) le ſujet dont il parle , ſur lequel il pretend que l'Egliſe du temps de ſainct Cyprian n'ait pû eſtre diuiſée que par des Heretiques, & Sacrileges eſt *de demeurer pluſieurs iours en penitence auant que de Communier , lors qu'on auoit perdu par les pechez mortels , le droict qu'on auoit acquis par le Bapteſme, au Corps, & au Sang de Ieſus-Chriſt ;* or en quantité de Chapitres de la 2. Partie il prouue que

tous les pechez mortels nous faisant perdre ce
droit acquis par le Baptesme, estoient assujettis
à cette peine, non seulement d'estre long-temps
priuez de la Communion, mais de faire vne penitence publique, du moins au temps de sainct
Cyprian où ils n'en reconnoissoient aucune autre; si bien qu'il faut de necessité qu'il condamne comme Heretiques & Sacrileges, tous ceux
qui auroient au passé changé ces vsages, & cette Police en l'administration du Sacrement de
penitence, & de la Communion, ou qui entreprendroient de le faire auiourd'huy, & par consequent, qu'il note d'Heresie, & de Sacrilege.
L'Eglise depuis cinq Siecles (pour ne prendre ce
qui nous est accordé par sainct Cyran) qui n'ob-
serue plus cét vsage ancien, qui se pratiquoit du
temps de sainct Cyprian, selon les pretensions
de ce grand Reformateur de l'Eglise: le Concile
de Trente en particulier, qui n'a assujetti à la penitence publique, (& encore vne penitence publique beaucoup plus douce, & moderée, que
celle qui se pratiquoit au Siecle de S. Cyprian)
que les seuls pechez publics, & pour les autres,
s'est contenté de la seule confession sacramentelle precedée de la douleur, & contrition des
pechez, aprés laquelle il permet aux penitens
de receuoir la saincte Communion, & finale-
ment qu'il rend Heretique, & sacrilege toute l'Eglise presente, qui en vse ainsi, & admet à

la Communion ceux qui s'eſtant ſacramentel-
lement confeſſez, & ayant receu l'Abſolution
de leurs pechez par le miniſtere des Preſtres ſe
preſentent à la table ſacrée, pour eſtre repeus de
ce pain des Anges, qui ſont les fauſſetez, erreurs,
& impietez dont i'ay accuſé l'Autheur du Liure
de la Frequente Communion, au ſujet de cette
propoſition, & dont ſes Diſciples ne le ſçau-
roient iuſtifier par toutes leurs menües chiqua-
nes, & leurs ſubtilitez imaginaires, qui ſont
ſans fondement & ſans ſolidité. Le Lecteur
pour eſtre inſtruict dauantage ſur ces matieres,
que ie ne traitte icy qu'en paſſant, & autant
qu'il eſt neceſſaire pour iuſtifier mes accuſations, prendra la peine de voir, & de lire at-
tentiuement ce que i'ay dit en mon 2. Ouurage
au 4. Examen touchant le Concile de Trente,
pour ce qui regarde la forme d'adminiſtrer la
ſaincte Communion, & les diſpoſitions ne-
ceſſaires, & ſuffiſantes pour la receuoir.

<hr>

Neufieſme Accuſation.

ARTICLE IX.

CEtte accuſation vient quaſi immediatement apres la precedente, en laquelle nos
Inuiſibles me font encore l'honneur de me
ioindre auec tous ceux qui ont eſcrit contre le
Liure de la Frequente Communion. C'eſt

difent ils, que nous auons tous tourné le terme
du Concile de Trente *Ritus* par celuy *d'Vfage*
& de *Couftume*, qui deuoit eftre tourné (comme ils pretendent) par celuy de *Ceremonies*, qui
s'obferuent en la folemnelle adminiftration des
Sacremens.

A quoy ie refponds en vn mot, que le terme
d'Vfage eftant general, qui comprend toutes
fortes de ceremonies & de circonftances qui
accompagnent vne action ; & que le genre
donnant le nom à l'efpece, comme l'Animal à
l'Homme & la Vertu à la prudence : & de plus
que toutes les ceremonies (celles principalement dont parle le Concile de Trente) qui re-
gardoient la folemnelle adminiftration des Sacrements, non feulement du Baptefme, mais
auffi de la Penitence, de l'Euchariftie, & des autres, eftans des vfages de l'Eglife, qu'elle practique, & fait practiquer en cette folemnelle adminiftration des Sacrements, ie ne puis eftre accufé, non plus que les autres qui ont traduit ce
texte du Concile auec moy, & deuant moy, de
l'auoir falfifié ny corrompu (comme la mode-
ftie de ces ieunes Docteurs & Maiftres me l'imputent & à eux) tournant le terme de *Ritus* par
celle-cy *d'Vfages & de Couftumes* : Mais qu'eux
ne fe fçauroiét mettre à couuert du foudre & de
l'Anatheme du Concile, qui ont ofé par vne en-
treprife pleine de temerité, changer ces Ceremonies, & ces Vfages reglés par le Concile de

Trente, & confirmez par la practique de toute l'Eglise depuis la celebration de ce Concile, touchant la maniere d'administrer le Sacrement de Penitence, & celuy de l'Eucharistie, & faire practiquer des Penitences publiques pour des pechez secrets, auant que de receuoir ceux qui se sont confessez à la Communion de l'Eucharistie, voire leur permettre l'entrée à l'Eglise, & l'assistance aux diuins Mysteres, aux iours mesmes qu'ils y sont obligez par le precepte de l'Eglise: & ecla contre le reglement du Concile, qui n'ordonne la Penitence publique que pour les pechez publics; contre la practique de l'Eglise Vniuerselle depuis le Concile, & plusieurs siecles auparauant; & contre ses expresses Ordonnances, qui obligent tous les Fidelles, quand bien mesmes ils seroient en peché mortel, d'entendre la Saincte Messe tous les iours de Dimanches & de Festes.

Dixiesme Accusation.

ARTICLE X.

EN cette accusation ie suis semblable au feu sieur du Plessis, & i'ay pris comme luy l'obiection pour la responce, deçeu par les mauuais memoires que les Peres Iesuites m'ont fourny, quand i'ay auancé, & ay voulu prouuer par l'authorité de sainct Cyprian, produit dans le Liure

de la Frequente Communion, que l'Autheur
de ce Liure oſtoit aux Preſtres le pouuoir de
remettre proprement, veritablement & ſans
equiuoque les pechez au Sacrement de Penitence. *Ce qui eſt* (diſent nos iudicieux Apolo-
giſtes) *ſi eſloigné des ſentiments de cét Autheur
excellent, qu'il n'a eu rien plus à cœur que de le
combattre, comme vne erreur tres - dangereuſe,
& qui en effect a eſté condamnée par le Concile de
Trente.*

Pleuſt à Dieu qu'en ce point ie me fuſſe
trompé, & qu'il fuſt auſſi veritable comme
i'ay fait voir euidemment en mon deuxieſme
Ouurage, qu'il eſtoit faux, que ſainct Cyran
& ſa Cabale euſſent conſerué aux Preſtres de
la Loy Euangelique le pouuoir que Ieſus-
Chriſt leur a donné d'accorder aux pecheurs
repentans de leurs offences, & qui ſe font
confeſſez à eux, vne veritable & effectiue
remiſſion de leurs pechez, par le Miniſtere
de leur abſolution. Ie donnerois tres - libre-
ment les mains, & ferois telle reparation
qu'on deſireroit, d'auoir ſi criminellement
accuſé des perſonnes innocentes. Mais i'ay
iuſtifié dans l'Examen des Retractations par
tant de textes, & ſi exprés du Liure de la
Frequente Communion, que le principal
principe de tous leurs nouueaux Dogmes,
eſt celuy - cy, que les pechez doiuent eſtre
entierement expiez par vne *Veritable & ſalu-*

taire *Penitence* (comme ils parlent,) auant
que le Preſtre confere ſon abſolution ; & par
conſequent qu'il ne fait que declarer la remiſſion des pechez deſia accordée au pecheur, & dont il ne peut pas meſme eſtre
aſſeuré, & ne la confere pas actuellement.
Ie l'ay dif- je fait voir par vne nombreuſe
multitude de textes formels de ce Liure, &
par des preuues ſi conuainquantes, que ie
ſuis aſſeuré que le Lecteur qui prendra la
peine de les lire auec vn peu d'application
d'eſprit, ne m'accuſera iamais de m'eſtre meſpris, quand i'ay accuſé l'Autheur du Liure de
la Frequente Communion, d'auoir oſté aux
Preſtres la puiſſance de remettre proprement
& effectiuement les pechez, par leur abſolution, quelque palliation qu'il ſe ſoit efforcé
d'apporter au texte de ſainct Cyprian ; puis que
tout ce qu'il dit en ce lieu de la puiſſance des
Preſtres à remettre les pechez, n'eſt qu'vn pur
equiuoque, que ie n'ay pas manqué de faire
remarquer, & qui eſt leué en plus de trente
endroicts de ce Liure, où il eſt expreſſément
enſeigné que l'abſolution du Preſtre ſuit la
remiſſion des pechez, & ainſi poſitiuement
ne la confere pas. Pour me conuaincre donc
de m'eſtre laiſſé ſurprendre, & d'auoir accuſé à
faux l'Autheur du Liure de la Frequente Communion de cette erreur, ſes Diſciples pren-
dront la peine s'il leur plaiſt de reſpondre nettement &

m~nt & Cathegoriquement aux pieces que i'ay
produittes pour l'en conuaincre au lieu fufalle-
gué, & en attendant, le Lecteur receura, s'il luy
plaift, mon accufation fur ce poinct, pour tres-
iufte & tres-veritable.

Vnziefme Accufation.

ARTICLE XI.

CElle-cy eft la page 87. & 89. où nos petits
Maiftres me reprénent d'auoir efcrit, que
*l'Abfolution iudiciaire & remiβiue deuance ordi-
nairement l'inionction de la Penitence.*

Mais auant que cette réprehenfion m'euft
efté faite par ces hardis Cenfeurs, imitant l'humilité d'vn grand Euefque (dont ils fe vantent
à faux d'eftre Difciples, puis qu'ils s'efloignent
fi fort de fa practique) i'auois defia apporté
dans mon fecond Ouurage le Correctif neceffaire à ces paroles, & fait voir comment il eftoit
arriué, qu'on auoit mis *ordinairement* au lieu *de
quelquefois particulierement en la compage*, que
i'auois couché en mon Original; ce que le Lecteur voyát de fes yeux iugera auffi auantageu-
fement de mon ingenuité, & de la facilité que ie
rends à corriger ce qui pourroit eftre mal pris,
quoy qu'en chofes non effentielles, qu'il con-
damnera l'opiniaftreté de ces Autheurs de nos
diuifions, qui ont auancé tant de propofitions

Suitte des Examents de la doctrine de fainct Cyran & de la Cabale, Examen dernier page 194 & 195. à la marge du 2. chiffre.

Ce lieu auoit peu eftre remarqué par nos Cēfeurs, puis que mon 2 Liure a efté publié dés le commencement du mois de Ian- nier, de la prefente année;

O

& leur Libel-
le, seulement
vers la fin de
Feburier de la
même année;
mais pour
donner quel-
que couleur

dangereuses, temeraires, erronées, & scandaleuses, & qui au lieu de les desauoüer & corriger
humblement, les soustiennent tout de nouueau
auec vne opiniastreté effroyable.

à leur Censure, par vn artifice tres foible & facile à descouurir, ils ont daté l'impression de leur Libelle de l'année precedente 1644. comme pour dire qu'il auoit desia esté publié auant que mon 2. ouurage eust paru. Ce sont petites ruses ausquelles la verité ne se laisse pas surprendre pour deuenir la despoüille de la fausseté, dit sainct Hilaire au liure 1. de la Trinité. *Neque humanarum ineptiarum fallaciis succumbens, spolium se præbet veritas falsitati.*

Douziesme Accusation.

ARTICLE XII.

CElle-cy est fort exaggerée par nos nouueaux Censeurs, qui me reprochent
qu'ayant fait profession si long-temps de combattre les Heresies, & d'escrire des controuer-
ses, & mesme ayant esté appellé par les Iesuites
mes bons amis, *le fleau de l'Heresie,* i'aye pris
pour vne erreur de Caluin celle que i'attribuë
faussement (c'est ainsi qu'ils parlent par respect
à vn Euesque, dont neantmoins ils veulét qu'on
croye qu'ils honorent si fort le caractere) à l'autheur du Liure de la Frequente Communion,
sçauoir *que le peché mortel ne destruict pas seule-*
ment la grace & la charité, mais la foy mesme.

Ils s'abusent lourdemét, & leur accusation est
calónieuse. I'attribuë l'erreur de Caluin à l'Autheur du Liure de la Frequéte Cómunion, en ce
que comme luy, il ne distingue pas la veritable
foy de la charité; quoy qu'ils procedent diuerse-

ment à ruiner cette diſtinction, que tous les
Peres & les Theologiés apres S. Paul ont recon-
nuë entre ſes deux vertus: car Caluin tenant que
la ſeule foy iuſtifie, enſeigne en ſuitte, que celuy
qui perdroit la Iuſtice perdroit la Foy ; & de là
conclud, que les plus grands crimes aux fidelles
& aux Eſleus, ne ſont pas proprement mortels,
mais veniels, qui ne leur ſont pas imputez, parce
qu'autrement ils deſtruiroient la Iuſtice, ſans
laquelle ils ne ſeroient ny fidelles ny dans l'E-
gliſe, qui eſt ce que i'ay declaré en propres termes dans la page 310. de mon Liure, où ie ne
mets entre les erreurs de Caluin & Luther que
cette 2. propoſition, *qu'vn homme demeurant*
fidelle ne puiſſe commettre vn peché Mortel, proprement & quant à ſon effect, qui eſt de faire
perdre la Iuſtice acquiſe par la ſeule foy. Où
l'autheur du Liure de la Frequente Communion renuerſe cette meſme diſtinction de la Foy
& de la Charité, ou grace ſanctifiante, par vn
autre principe, ſçauoir lors qu'il enſeigne, que
le peché Mortel, qui eſteint la Charité, & qui
bannit la grace ſanctifiante, d'eſtruict auſſi la
Foy, qui n'eſt plus veritable, non plus que l'Eſperance (ſelon le diſcours de ſainct Cyran) en
celuy qui a par ſon peché mortel perdu la
Charité & la grace ſanctifiante. Voila en quoy
i'ay eſtably la conformité de cét Autheur de nos
nouueautez, auec nos anciens Heretiques,
Caluiniſtes & Lutheriens, ſur le point dont il

s'agiſt icy, il n'eſtoit pas beſoin à nos ieunes Maiſtres de ſe rompre la teſte à eſtudier ces matieres dans Bellarmin, pour en parler auec ſi peu de iugement.

Treizieſme Accuſation.

ARTICLE XIII.

NOs cenſeurs ne ſortent point de colere, & ie ne ſçay pas le moyen de les appaiſer. Sur ce que i'ay dit en vn endroit de mon Liure, que le Concile de Trente parloit de la *penitence eſſentielle au Sacrement*, & ainſi qu'il ne pouuoit pas parler de la penitence publique, dont l'Autheur du Liure de la Frequente Communion taſchoit de perſuader le reſtabliſſement par ſon authorité, ils m'accuſent d'vne tres lourde faute en Philoſophie, *& indigne d'vn Ancien Docteur en Scholaſtique.*

a Ils ſe gardent bien de dire en Theologie ; parce (ſi on les croit) que ie n'ay pas comme eux la ſcience des Peres, qui eſt la ſeule veritable Theologie. A ce conte, Pierre Lombard Maiſtres des Sentences, Albert le grand, ſainct Thomas l'eſcot, Durand, & pour deſcendre à noſtre ſiecle, feu Meſſieurs duval, de Gammaches, Iſambert, Meſſieurs Hennequin, D'aurruy, Poireret, Le Moyne, Duval le ieune, ne ſont que de petits Diſciples de ces grands Maiſtres, & ſçauans Docteurs, qui pourtant ne ſont encore que de naiſtre, & dont il y a deux ans, qu'on ne parloit preſque point.

I'ay peché, diſent-ils, contre les premiers principes de la Theologie, & l'Argument que i'ay mis en auant *contient vn des plus grands vices, que puiſſe auoir vn Argument, qui eſt de conclurre ce qu'il ne doit pas conclurre.* Ils vouloient dire *autre cho-*

ſe, ſçauoir, *que ie concluois en mon Argument, ce que l'Autheur du Liure de la Frequête Cōmunion ne vouloit pas conclure*; & que *ie ſuppoſois ce que ie deuois prouuer*, qui eſt, que cét Autheur employoit l'Authorité du Concile de Trente, auſſi bien que toutes les autres qu'il a entaſſées dans ſon Ouurage, pour perſuader le reſtabliſſement de la penitence publique, dequoy il a eſté tres-eloigné; & pour preuue ils renuoient le Lecteur aux endroits de ce Liure, où il proteſte n'auoir aucunement le deſſein de faire ce reſtabliſſement, & qu'il condamneroit cette penſée, *comme eſgalement indiſcrette*, *& preſomptueuſe*; ce qui a eſté confirmé par le ſieur Arnauld ſon Diſciple, tant en ſon aduertiſſement du Liure de la Frequente Communion, qu'en la Preface de celuy de la Tradition de l'Egliſe.

Et moy ie le renuoyeray au Chapitre desContradictions de mon premier Liure, & en la ſection 6. de l'Examen des retractations de mon ſecond, où i'ay fait voir par vne ſuitte, & vn enchaiſnement de tant de lieux du Liure de la Frequente Communion, que le principal but de ſon Autheur, eſtoit de perſuader le reſtabliſſement de la penitence publique, qu'il faudroit eſtre aueugle pour ne le pas voir, & dans l'excez de l'opiniaſtreté pour le contredire.

Ie paſſe à la ſeconde accuſation qui eſt plus criminelle, parce qu'ils m'accuſent d'eſtre Heretique; ou du moins temeraire en mes ſenti-

mens ; en ce que cette propofition que i'ay
auancée, (fçauoir que la penitence dont parle
le Concile de Trente, eft effentielle au Sacrement de penitence,) eft oppofée aux fentimens
communs de toute l'Efchole, qui ne la tient que
pour partie integrante.

A quoy ie refponds en peu de mots, que c'eft
vne continuation de chiquanerie, qui n'a fondement qu'en l'equiuoque du terme *effentiel,*
& du Sacrement de penitence : car il eft certain,
que ce terme *effentiel,* fe prend en deux façons,
1. eftroittement, & feulement pour ce qui entre
en la definition, & compofition d'vne chofe,
comme le fentiment & la raifon , l'ame & le
corps au refpect de l'homme: 2. plus au large,
pour ce qui eft neceffaire à conceuoir, & faire
eftre vne chofe, confiderée, non feulement felon fes principes effentiels , mais mefme felon
fon integrité, ou felon l'vnion qu'elle a en foy
de plufieurs chofes pour en faire vn tout: Ainfi
difons nous, que la blancheur qui n'eft point
de l'effence de la muraille, confiderée comme
muraille, & felon fa fubftance, l'eft pourtant de
ce qui eft blanc, c'eft à dire, de ce tout compofé
de la fubftance & de l'accident, de la muraille,
& de la blancheur : Et de la mefme forte pou-
uons nous dire, que la tefte eft de l'effence, non
pas precifément de l'homme , côfideré felon fes
principes effentiels enfermés en fa definition,
mais du corps, en tant qu'vn tout integral (pour

vſer des termes de l'Eſchole) parce que ce corps ne peut eſtre conceu, ny eſtre en effect vn corps Humain veritable & entier, ſi la teſte luy máque.

Il faut eſtre ou extrémement aueugle, ou deſperement malicieux, pour ne pas reconnoiſtre par la ſimple Lecture du lieu meſme de mon Liure, qui eſt produit par nos Cenſeurs, que quand ie dis que le Concile de Trente a definy que la penitence ou ſatisfaction eſtoit eſſentielle au Sacrement de penitence, ie ne prends pas le Sacrement de Penitence eſtroittement, & preciſément pour ce qui le fait eſtre eſſentiellement Sacrement, c'eſt à dire, productif de la grace, & de la remiſſion des pechez, en celuy qui s'en eſt accuſé auec douleur & deteſtation; quand ie dis que la ſatisfaction luy eſt eſſentielle ſelon le Concile. Mais que ie le conſidere de la meſme ſorte que fait le Concile au lieu dont eſt queſtion, lors que pour ruiner l'Hereſie de Luther, qui reduiſoit tout le Sacrement de penitence à la ſeule contrition, ou renouuellement interieur de l'homme, à l'excluſion de la confeſſion, & principalement de la ſatisfaction (dequoy ledit ſieur de ſainct Cyran tombe d'accord) il enſeigne & definit que le Sacrement de penitence n'eſt pas cette ſeule contrition, mais qu'il contient auſſi la confeſſion & la ſatisfaction : où il eſt clair qu'il prend le Sacrement de penitence, pour vn tout moral, & integral, qui comprend tout ce qui peut ſeruir au pecheur

pour le reconcilier parfaictement auec Dieu,
sçauoir la contrition ou la douleur, & detesta-
tion du peché, comme vne disposition de la part
du pecheur pour receuoir la grace : la confession comme vne condition necessaire, &
pour cela presupposée par le Fils de Dieu en l'institution du Sacrement de penitence, pour donner connoissance au Prestre des pechez, afin
qu'il les remette : l'Absolution du Prestre comme la forme qui produit effectiuement la grace,
& la remission du peché; & la satisfaction pour
l'acquit de la peine temporelle, qui peut rester
aprés le pardon de la coulpe; & de la peine eter-
nelle, qui est celle de rigueur & inseparable de
la coulpe; satisfaction, non publique, qui ne se
pratique plus, ou du moins rarement, & seulement en certain cas, (comme l'auouë le sieur
Arnauld en son Epistre à la Reyne,) & qui n'a
point esté instituée par les Anciens, que pour les
pechez plus atroces, publics, & scandaleux,
quoy qu'elle s'octroyast quelquefois pour les secrets aux penitens qui la demandoient (comme
ie l'ay ailleurs expliqué plus au long.)Et c'est la
seule conclusion que i'ay tirée de mon raisonnement, pour ruiner la pretention tres-mal fondée
de l'Autheur du Liure de la Frequente Communion, qui s'appuyoit de l'Authorité du Concile,
pour le restablissement de la penitence publique, sçauoir que le Concile en ce lieu qu'il en
produisoit ne parloit point du tout de la penitence ou satisfaction publique.   Ie m'as-

Ie m'asseure qu'vn Lecteur qui ne sera point
preuenu de passion, iugera qu'il n'y a point de
Doctrine plus saine, & plus orthodoxe que celle-cy ny de raisonnement plus iustement con-
duict, que celuy que i'ay fait pour renuerser celuy que l'Autheur de la Frequente Communion taschoit de faire, pour persuader par les paroles du Concile, qu'il desiroit extremement le
restablissement de la penitence publique, & par
là reconnoistra le mauuais procedé, & la malice noire de ses Disciples, qui au lieu de lire les
choses bonnes pour s'en instruire, ne les lisent
que pour y trouuer à redire, & pour les infecter
de leur venin, ou pour parler auec sainct Augustin, *qu'ils calomnient, ou ne sçauent ce qu'ils disent, & ainsi qu'ils sont menteurs, & temeraires.*

*Aut calum-
niaris, aug
nescis quid
loquaris : Et
ideo aut mé-
dax, aut te-
merarius ista
loquaris D.
Aug. lib. 1.
op. Imp. cap.
10.*

Quatorziesme Accusation.

ARTICLE XIIII.

I'Auoüe qu'il faut estre pourueu d'vne extra-
ordinaire patience, pour supporter sans es-
motion des impostures si insolentes, & des suppositions si indignes de gens d'honneur, comme celles que nos Censeurs, & Apologistes font
paroistre en la page 221. & aux suiuantes de leur
libelle diffamatoire. 1. contre le Cardinal Caietan, qu'ils appellent par Ironie *le sçauant Cardinal,* à mesme temps qu'ils le font estre errant,

& Heretique, & asseurent que ç'à esté pour condamner ses erreurs que le Concile de Trente a
fait vn decret touchant la necessité de la confession Sacramentelle, en celuy qui se croyoit desia
auoir la contrition de ses pechez, auant que de
se presenter à la Communion de l'Eucharistie,
pour inferer auec leur beau iugement, que cette
confession n'a esté ordonnée que pour la necessité, & non pas comme vne disposition suffi-
sante à la Communion : ce que l'Autheur du
Liure de la Frequente Communion, auoit desia
declaré en son Liure, & que le sieur Arnauld explique plus au long en sa Preface, du Liure de la
Tradition de l'Eglise. Mais que i'estime auoir
pleinement renuersé, & establi la verité contraire, au 4. Examen de mon second Liure, que
le Lecteur est prié de voir, & de vouloir lire auec
attention.

L'imposture, & la fausse supposition qu'ils
font contre moy, c'est qu'ils voudroient bien
faire croire, que quand i'ay dit, *que la disposition
necessaire & seule necessaire, estoit d'estre en estat de
grace, & vuide de tout peché,* ie ne mettois pas
mesme la confession comme vne condition necessaire pour la Communion de l'Eucharistie,
& qu'en cela ie tombois en l'erreur du Cardinal
Caietan condamné par le Concile.

L'excez de cette hardiesse, (le mot est trop
doux, & ie n'excederay pas de dire impudence,)
ne pourroit pas estre crû si on ne le lisoit de ses

propres yeux; veu que mesme ils tombent d'accord au mesme lieu, *que ie demande la confession des pechez en celuy qui se presente à la Communion*, & que ie m'en suis si pleinement & amplement expliqué, & dans mon premier, & dans mon second Ouurage, qu'il n'y a que le seul aueuglement qui puisse excuser vne telle imposture, qui passeroit autrement pour vne malice de Demon. Est-ce tomber dans l'erreur de Caietan, qui ne requeroit pas la confession en ceux qui se persuadoient estre contrits (comme nos modestes Censeurs le pretendent) que de dire auec le Concile, qu'en ceux là mesme qui se croyent contrits, la confession Sacramentelle ne laisse pas d'estre necessaire.

Estce se contredire (comme par vn nouuel aueuglement ils m'imputent) de dire *qu'estre en estat de grace & vuide de tout peché mortel est vne condition necessaire, & seule necessaire*, & neantmoins de demander la confession Sacramentelle, qui nous mette en cette disposition? Demander l'effect est-ce reietter la cause? Demander la chaleur, est-ce s'esloigner du feu? Rechercher la lumiere, est-ce se cacher du Soleil? Il faut estre en estat de grace & vuide de tout peché mortel pour se presenter à la Communion; donc il ne faut point aller à confesse pour obtenir la grace & la remission du peché mortel. Quelles exorbitantes consequences, & qui peut-estre capable de les tirer, & de faire sem-

blables raiſonnements, ſinon ceux qui ont re-
noncé au bon ſens, & en qui l'erreur & l'opiniaſtreté ont eſtouffé les ſemences de la raiſon, &
eſteint les premiers rayons de la lumiere natu-
relle.

Trouueront-ils mauuais que ie leur demande (comme ſainct Auguſtin faiſoit à Iulian)
qu'eſt deueniie leur Dialectique ? Pourquoy des
choſes ſi communes leur eſchappent-elles, *& ſi
c'eſt volontairement & par deſſein qu'ils ſe iettent
en des extrauagances & abſurditez ſi viſibles pour
ſurprendre les moins ſçauants , & plus tardifs à
conceuoir ?*

Mais celuy (peut eſtre diront-ils) qui a vne
contrition parfaite , *eſt en eſtat de grace &
vuide de peché mortel* ; quel beſoin donc a-il de la
Confeſſion ?

A quoy il faut reſpondre auec ſainct Paul,
*Qu'aucun ne ſçait s'il eſt digne d'amour ou de
haine* ; s'il eſt en grace, ou s'il eſt encore en peché ?
s'il a eu vne contrition parfaite, ou s'il ne l'a pas
eüe , & qu'ainſi dans cette incertitude il doit
aller à la confeſſion , & le Concile de Trente l'a
ainſi reglé, conformement à l'inſtitution du Fils
de Dieu, & à la practique commune de l'Egliſe,
laquelle confeſſion, ou luy conferera la grace &
la remiſſion de ſes pechez, s'il ne l'auoit pas deſia
obtenuë en vertu de ſa contrition parfaite, ou
l'augmentation de la grace, s'il auoit deſia eu la
remiſſion de ſon peché par cette parfaite contrition.

Et il y auroit subiect de croire, que cette persuasion d'auoir la contrition parfaitte, seroit vne presomption, & vne illusion, si elle despendoit de la confession, parce qu'elle combattroit & l'humble deffiance de nous mesme, en laquelle sainct Paul veut que nous nous entretenions; & nous ietteroit dans la desobeissance aux reglements de l'Eglise, que Iesus-Christ nous oblige d'escouter si nous ne voulós passer pour iniques & Publicains; si bien que soit que nous ayons la contrition parfaitte, (dequoy nous ne sçaurions estre asseurez) soit que nous ne l'ayons point, (ce qui est assez ordinaire) nous nous deuons fermement attacher aux reglements du Concile de Trente, qui est de faire vne veritable & sacramentelle confession, auant que de nous approcher de la table Sacrée, quád nous sommes tombés dans des pechez mortels, quelque persuasion que nous ayons d'en estre veritablement contrits; afin de nous mieux asseurer de cét estat, sur lequel aucun ne peut Communier qu'indignement, *Qui est l'estat de grace & vuide de peché Mortel* : cétte doctrine du Concile, est-elle autre que celle que i'ay enseignée, & si souuent & si visiblement, qu'à moins que d'entrer dans la passion aueugle de nos Censeurs, il est impossible de ne la pas recónoistre. Où est l'erreur de Caietan contre la necessité de la confession ? où est la contradiction, de demander l'estat de grace pour la Communion, & la confeſſion qui nous eſtabliſſe en cét

eſtat auec plus d'aſſeurance ? *Pere pardonnez
leur, parce, ils ne ſçauent ny ce qu'ils eſcriuent, ny
ce qu'ils font.*

Quelques autres legeres Accuſations.

ARTICLE DERNIER.

IE n'aurois iamais fait, ſi ie voulois m'arreſter
à toutes les vains reproches que me font
ces nobles Cenſeurs, par des diſcours eſgarés, &
tout à fait hors de propos, & par des recrimi-
nations ridicules & impertinentes, qu'ils ne
font qu'à deſſein de donner le change, & de
ſortir de la preſſe ou ils ſe trouuent ſerrez par les
armes puiſſantes de la verité; i'en toucheray
encore quelques vnes, mais legerement? car
auſſi font elles ſi legeres qu'elles ne meritent pas
qu'on y inſiſte dauantage.

Leur premiere accuſation eſt ridicule, c'eſt
diſent-ils, que par vne eſtrange ſurpriſe, & qui
marque euidemment que ie n'ay iamais leu le

Traitté *de Lapſis* de ſainct Cyprian, que dans
les extraict qui m'en ont eſté enuoyez, i'ay dit
apres l'alleguation de quelques paroles de S.
Cyprian, qu'en *ſuitte il en auoit adiouſté d'autres, qui pourtant, diſent-ils, ne les ſuiuent pas
immediatement mais en ſont bien eſloignez.* Cóme ſi
vne choſe ne pouuoit eſtre dite, ſuiure vne au-

tre, si elle ne la suiuoit ou ne luy estoit coniointe immediatement , qui est vne ignorance des
premiers Elements de la Philosophie, & qui est
ruinée par l'experience & par la façon ordinaire
dót nous nous seruós pour exprimer l'ordre des
choses qui s'entresuiuét. Les exemples des Oyes
Sauuages, & de Gruës, sont capables de faire
voir l'impertinence de vostre reprehension,
Messieurs nos Maistres; ne disons-nous pas que
toutes suiuent la premiere, & neantmoins on
ne dira pas que toutes soient immediatement
coniontes. Quand vne armée défile ou quelque
bataillò ils marchent bien de suitte, mais le dernier n'est pas ioinct immediatement au premier, voire souuent en est fort esloigné. Il en
faut dire autant de la dance, où plusieurs se tien-
nent par la main, & suiuent le premier, qui est le
conducteur de la dance : mais on ne dira iamais
que le dernier luy soit conioinct immediatement. Ie pourrois rapporter plusieurs sem-
blables exemples, mais ie ne m'y veux pas dauantage arrester, nos nobles Censeurs en feront
si bon leur semble l'application au subiect de
leur reprehension , pour en remarquer l'impertinence , parce que i'ay peur de perdre trop de
temps à refuter des vetilles.

2. Ils m'accusent encore de m'estre trompé
quand i'ay dit, que le traitté de sainct Cyprian
de ceux qui estoient tombez dans la persecution,
estoit tres-mal employé par l'autheur du Liure

de la Frequente Communion , pour prouuer selon les anciens Peres, *Que tous les pechez mortels estoient subiects à la Penitence publique, attendu que sainct Cyprian ne parle que des pechez d'Idolatrie.* Voila quasi les mesmes termes de mon accusation au lieu qu'ils alleguent de mon Liure. Mon crime est que ie n'ay apporté les exemples d'idolatrie publique & scandaleuse, de ceux, ou qui auoient actuellement sacrifié aux Idoles, ou qui auoient pris des billets pour estre estimez l'auoir faict, & que i'ay oublié le crime secret d'Idolatrie, en ceux qui n'en auoient eu que la pensée, quoy qu'ils n'eussent fait ny l'vn ny l'autre, dont parle aussi sainct Cyprian en ce traicté, & les louë *de ce qu'ils alloient trouuer les Prestres pour leur faire l'exomologese ou confession de leurs pechez, descharger leur conscience, & rechercher le remede à leur playes, bien que petites & legeres.* C'est en abbregé le sens des paroles de sainct Cyprian, que le Lecteur trouuera cité plus au long en la marge en son propre langage.

Iugement & Examen du Liure de la Frequente Communion 2. Part Chap. 14. Paragrap. 3. pag. 262.

Quanto & fide maiore, timore meliore sunt, qui quãuis nullo sacrificij aut libelli facinore cõstricti quoniam tamen de hoc velico-gitauerunt, hoc ipsum apud sacerdotes Dei dolentes & simpliciter confitentes exomologesim conscientiæ faciunt, animi sui exponunt salutardm medicinam paruis licet & modicis exquirunt. D. Cyprian. tract. de lapsis.

Accordons tout cela, & voyons si i'ay eu tort de reprendre l'autheur du Liure de la Frequente Communion, de ses mauuaises consequences. S. Cyprian assubiettit le crime d'Idolatrie, soit publique, soit secrette à la penitence, donc selon tous les Peres anciens, la penitence publique estoit

que estoit ordonnée pour tous les pechez mortels commis apres le baptesme: c'est le defaut de ce raisonnement que i'ay voulu faire voir, & la reprehension que i'en ay faite à l'autheur du liure de la Frequente Communion, comme il paroist par les propres paroles de mon Liure, au lieu mesme que nos foibles Censeurs en ont allegué, & dont il n'est aucunement purgé par ses Apologistes.

Et pour dire vn mot de cette Idolatrie mentale & secrette, dont parle sainct Cyprian, & de la loüange qu'il donne à ces pecheurs secrets, *d'auoir confessé leur crime, deschargé leur conscience, & recherché le remede salutaire à leurs playes, bien que petites & legeres;* cela prouue ce que i'ay enseigné en la 3. Partie de mon mesme Liure, apres feu Monsieur le Cardinal du Perron, qu'il y auoit vne penitence publique pour les pechez mesme secrets, mais ᵃ octroyée à la demande des Penitens, & non pas ordonnée & reglée par les Canons, qui est ce qu'il faut destruire auant que de se donner la liberté de reprendre les autres, sur des choses qu'on n'entend pas.

penfée de facrifier fans l'auoir fait, il adioufte qu'eux *mefmes venoient chercher la mede- cine falutaire à leurs playes qui leur eftoit accordée par les Preftres,* felon qu'ils le iugeoient à propos.

3. Ils m'accusent du mesme crime dont i'ay pleinement conuaincu l'autheur du Liure de la la Frequente Communion, qui est de luy auoir

Q

ſuppoſé des propoſitions tres-eſloignées de ſes
ſentiments, & contraires à celles qu'il a diſtin-
ctement enſeignées dans ſon Liure. Et pour
exemple de cette foibleſſe malicieuſe, il rapporte la ſuppoſition qu'ils ſuppoſent que i'ay faite
ſecrettement, ſçauoir que le ſieur de S. Cyran
eſloignoit *les loix de la prudence des Confeſſeurs
en l'impoſition de la Penitence* : ce qui eſt (diſent
ils) diametralement oppoſé à ſes ſentimens,
& à ce qu'il a eſcrit en appliquant les côditions
d'vn Directeur en ſa L. Partie Chap. 28. & aux
ſuiuantes, où il le veut *Sage*, docte *Spirituel* ex-
perimenté & le reſte, que i'ay amplement examiné dans mon premier Ouurage que nos
Apologiſtes s'efforçent de refuter.

A quoy ie reſponds en peu de mots, que i'ay
fondé cette accuſation ſur l'affectation que cét
Autheur a teſmoignée, à retrancher tant qu'il a
pû, ou à diſſimuler les paroles du Concile, par
leſquelles il exhorte les Preſtres à vſer de *prudence* en l'inionction des penitences , *ayant eſgard
tant à la qualité des crimes , qu'à la condition des
Penitences* ; & à mettre par tout , ſoit dans le
Concile, ſoit ailleurs les *penitences proportionnées
aux pechez* au lieu des *conuenables & ſalutaires* :
& l'vn & l'autre pour perſuader, en abuſant de
l'authorité du Concile, que pour toute ſorte de
pechez mortels, il n'y a autre choſe à faire qu'à
ordôner des penitéces publiques , ſelon qu'elles
eſtoient reglées par les Canons anciens & qu'el-

Reſponce au
Liure de
Monſieur
l'Eueſque de
la Vaur.

les se practiquoient en l'Eglise ancienne qui n'estoit point *d'inuention humaine, mais de l'inspiration de l'esprit de Dieu, aussi immuable que l'esprit mesme qui l'auoit inspirée; qui ne pouuoit estre changée, parce qu'elle auoit vn rapport essentiel auec la substance du Sacrement qui n'estoit point d'vne Coustume de Police, & d'vne Ordonnance purement Ecclesiastique, mais de l'Ordonnance de Iesus-Christ; qu'elle obseruoit cét Ordre selon la tradition de l'Eglise renfermée dans les Canons, & dans les Conciles, qui est la regle de la foy Catholique, selon les Peres, & vn article de foy selon le Pape Pie.* Ie retranche les autres lieux, dans lesquels il est euident que cét Autheur n'a point creu, que l'ordre gardé par les anciens en l'inionction des Penitéces, ayt pû estre chágé par l'Eglise de ce temps; & qu'ainsi qu'il n'y a autre chose à faire à vn Confesseur que de s'instruire des anciens Canons, & d'ordonner pour toute sorte de pechez mortels, & selon leur grauité des Penitences publiques.

Et parce que ces iudicieux Apologistes prennent le fondement principal de la deffence de leur Maistre sur ce subiect, & celuy de me faire passer pour vn calomniateur en cette accusation, de ce que ie suppose qu'il ayt eu intention de remettre l'vsage de la Penitence publique des anciens, & qu'il ayt enseigné, que l'Eglise n'ayt pû changer cét ordre qui estoit obserué en l'Eglise des premiers siecles, en ce qui concerne

2. Partie du Liure de la Freq. Comm. Chap. 18.

Preface du mesme Liure, page 13.
2. Part. ch 18.

Preface.p.65.

Examen des Retractatiõs sect. 2. depuis la p. 44. iusqu'à la p.151 & sect. 5. selon qu'elle doit estre marquée p. 254. iusqu'à la p. 277. Dignum non erat authores eos veritatis existere, qui ridicula & fœda, & irrectiosa sectātes ipsis illis inanissimarũ sententiarum suarum opimionibus dissiderent. D. Hil. l. 1. de Trinit.

l'administration du Sacrement de penitence; ie prie le Lecteur de se donner la peine de lire ce que i'ay escrit sur le mesme lieu fort amplement en mon second Ouurage, en deux sections particulieres; pour le conuaincre de l'vn & de l'autre, & de le tenir pour iustement conuaincu, iusqu'à ce que ses Disciples se soient mis en deuoir de contredire, non pas en sautant & en deguisant, mais ponctuellement & par ordre, les pieces que i'ay produittes, & sur lesquelles ie fonde ma conuiction, & que ie n'estime pas qu'ils osent entreprendre, ny qu'ils le puissent, qu'à leur confusion, puis que ce ne sera qu'en descouurant le peu de fermeté qu'ils ont dedans leurs sentiments, & la dissention de leur doctrine qui en marque la faussceté selon S. Hilaire.

Conclusion.

VOila ce que i'ay creu eftre obligé de re-marquer en ce honteux, & infame Li-belle, qui ne cache le nom de fes Autheurs, que pour ne pas defcouurir leur honte, en atten-dant que quelqu'autre qui aura plus de loifir, l'enfonce encore plus auant. C'eft vn trauail de la moitié de quinze iours, ie veux dire de quinze matinees, ayant conferué les aprefdinées pour la continuation d'vn autre Ouurage de plus lon-gue haleine & de plus grande importance qui fuiura Dieu aidant bien toft celuy-cy.

Il ne falloit pas plus de temps pour renuerfer ce colloffe que l'orgueil a conceu, le dépit a fait naiftre, & le defefpoir verra perir.

C'eft vn petit Monftre fpirituel procreé de la femence de cent efprits, & mis au iour par le trauail de quarante concertés, & cela en l'efpa-ce de huict mois, pour oppofer à vn feul Chapi-tre d'vn Ouurage de fix-vingt fueilles compo-fé en quatre mois.

Il n'eft pas feulement effroyable en fa defor-mité, mais pitoyable en fa petiteffe, eftant cer-tain que qui en auroit retranché les iniures, & les reproches cent fois repetées, auec les redites, & ce que les Autheurs ont defia plufieurs fois rebattu dans leurs autres efcrits, à peine en resteroit-il dequoy composer vn Almanach.

Ie ne me suis point voulu arrester à ces iniures, & inuectiues, mais ie les ay volontairement obmises, tant de peur, comme parle sainct Augustin *que ceux qui aiment la grauité, au lieu de nous tenir pour des disputeurs serieux, ne nous fissent passer pour des Chiquanneurs ineptes,* que parce que ie les ay estimé glorieuses, & que i'en tiré deux grands auantages, l'vn pour ma personne, qui est ce que ie considere le moins, & l'autre pour la cause que ie soustiens, qui tient le premier rang dans mes pensées, & dans mes desseins.

Pour ma personne, puis qu'il est vray que les cris d'vn malade vlceré, font la loüange du Chirurgien qui le panse, car c'est vn tesmoignage qu'il n'vse pas en son endroit d'vne cruelle pitié, ne faisant qu'effleurer sa playe, & ne la guarissant pas, mais d'vne seuerité misericordieuse, faisant les incisions necessaires pour empescher que le venin ne demeure enfermé au dedans, & ainsi luy restablir la santé par la douleur. Et si le malade adiouste aux cris les iniures il en faut imputer la cause à sa douleur qui luy fait perdre le iugement; cependant on loüe, & l'art, & la charité du Chirurgien, qui n'est pas retenu par ses iniures de luy procurer sa santé, & qui tesmoigne auoir d'autant plus de tendresse pour sa personne, qu'il paroist rude, & inflexible vers son mal. Voila pour ma personne.

La caufe que ie fouftiens ne reçoit pas moins
d'auantage d'vn procedé fi infolent, & fi iniu-
rieux, car rien ne peut rendre vne doctrine plus
fufpecte, que lors qu'on croit que l'Autheur n'a-
gift pas auec l'efprit de Dieu, qui ne repofe que
fur fes humbles, & fur fes debonnaires, & s'ef-
loigne des fuperbes, & des outrageux, qui ne
mefprifent pas feulement, mais attaquent par
calomnies, & iniures atroces, les puiffances que
Dieu a eftablis dans fon Eglife, pour le gouuer-
nement de fes peuples, & qu'il leur commande
de reuerer, comme les Images viuantes de fon
authorité, & les Princes de fon Empire.

Ie me fuis principalement arreftéà ce que nos
Docteurs cachez veulent qu'on croye qu'ils
ayent mis, pour principal de leur Ouurage, qui
eft la deffence des paffages des Peres, que i'auois
accufé l'Autheur du Liure de la Frequente
Communion, d'auoir ou produits de mauuaife
foy, ou corrompus par vne hardieffe qui ne fe
trouue auoir efté practiquée que par les Heretiques: Et i'ay fait voir fi vifiblement la foibleffe de leurs iuftifications, & la verité de mes accufations que ie m'affeure que tous ceux qui li-
ront fans paffion cette refponfe que i'oppofe à
leur Apologie, iugeront (afin que ie finiffe par
fainct Auguftin, qu'ils n'ont *rien dit du tout*, qui
ferue de defence à mes accufations, & iuftifie
l'Autheur du Liure de la Frequente Communion des crimes dont ie l'ay conuaincu: *Mais*

Relegatur quod tibi ref- ponfum eft, vt intelliga- tur, te nihil dicere, & ta- men tacere non poffe D. Aug. lib. 1. operis im- perf. Cap. 125.

Hac sola opinione côrentus es si respondisse dicaris, quid autem habeat ponderis oratio tua, quid constantiæ cogitare etiam ineptū putas Id. Ibid. Cap. 36.

que pourtant ils n'ont pas peu se taire : se contentant de cette vaine opinion qu'ils ont respondu par ce qu'ils ont escrit, sans se mettre en peine d'examiner, ou de penser seulement s'il y a quelque poids, & quelque fermeté dans leurs paroles en vn mot que leur dessein n'a pas esté de combattre mon Liure, mais d'en faire vn : & de persuader aux simples qu'ils ont pû respondre parce qu'ils n'ont pas voulu se taire.

Laboras inaniter, non vt respondere nolis, sed vt libros possis implere Id. lib. 3. contra Iulian.

Abuteris tardiusculis cordibus hominum, qui te non intelligunt tacere potius noluisse, quam respondere potuisse Id. lib. 2.

FIN.